Dagmar Wolf

Glücksorte in Würzburg

Fahr hin und werd glücklich

W0297257

Droste Verlag

Herzlichen Dank allen, die mich unterstützt haben, ganz besonders Axel, Hauke und Arne fürs Inspirieren, Motivieren und Begleiten und Antje Kluth für den letzten textlichen Schliff.

Liebe Glücksuchende,

wenn ich davon erzählte, dass ich an diesem Buch arbeite, habe ich häufig gehört: „Hast du denn auch an diesen und jenen Ort gedacht?“ Deshalb vorweg: Meine Auswahl an Würzburger Glücksorten ist genauso subjektiv wie unvollständig. Beispielsweise fehlen die berühmten Sehenswürdigkeiten wie Residenz oder Festung. Beides sind wunderbare Baudenkmäler, die mich jedes Mal ins Schwärmen bringen. Aber ich denke, dass sich diese Orte sowieso niemand entgehen lässt, sie brauchen deshalb keinen besonderen Hinweis.

Daneben gibt es aber eine Vielzahl weiterer Orte, die genauso berühren und den Charme dieser Stadt ausmachen: geschichtlich bedeutsame, kulturell anspruchsvolle oder einfach unterhaltsame, quirlige und ruhige, aktivierende und entspannende. Manche mögen auf den ersten Blick unscheinbar sein und werden deshalb nicht von jedem entdeckt. Oder sie verstecken sich in Ecken, die etwas abseits der üblichen Routen liegen.

Nehmen Sie sich deshalb Zeit, und lassen Sie sich einfach durch Würzburg treiben, ohne Ziel und ohne Plan. Bleiben Sie stehen und schauen Sie sich um. Folgen Sie einem Hinweisschild, das Sie neugierig macht. So werden Sie neben den hier beschriebenen ganz sicher weitere Glücksorte entdecken. Ich freue mich, wenn ich Ihnen mit diesem Büchlein neue Fährten legen kann und Sie in Entdeckerlust bringe.

Ihre Dagmar Wolf

Deine Glücksorte ...

… noch mehr Glück für dich

Ein Salon für die Kunst

1 *Das Spitäle*

Wer abends die alte Mainbrücke überquert, um ins Mainviertel zu gelangen, wird unweigerlich von der gegenüberliegenden beleuchteten Fassade in den Bann gezogen. Aber auch tagsüber fällt das klassizistische Portal der ehemaligen Kirche schnell ins Auge. Nun nur noch die Zeller Straße überqueren und die wenigen Stufen hinab Richtung Spitalgasse nehmen – wer weniger gut zu Fuß ist, kommt ebenerdig über die abbiegende Zeller Straße zum Ziel –, schon steht man vor dem fränkisch liebevoll „Spitäle“ genannten Bau. Hier befindet sich heute die Galerie der Vereinigung Kunstschaffender Unterfrankens e. V. (VKU). Also einfach einmal die Tür aufmachen und hineinschauen. Der Eintritt ist kostenfrei und lohnt in jedem Fall. Der helle hohe Raum bietet mit seinem sakralen Charakter einen wunderbaren Rahmen für die wechselnden Ausstellungen zeitgenössischer Kunst der VKU-Mitglieder. Dank seiner hervorragenden Akustik wird er regelmäßig für Konzerte genutzt. Dazu kommt einmal im Jahr die inzwischen renommierte Filmreihe ARTfilm.

Einst war das Spitäle die Kirche des Spitals „Zu den 14 Nothelfern“. Wie so vieles in Würzburg fielen Spital und Kirche dem Bombenangriff am 16. März 1945 zum Opfer. Nach dem Krieg wurde erst überlegt, die Anlage wieder aufzubauen. Pläne bestanden bereits. Doch als Ende der 1950er-Jahre noch nichts geschehen war, wuchs die Idee, den Kirchenbau weltlich umzunutzen.

TIPP Das Relief mit den 14 Nothelfern von Tilman Riemenschneider ist im Mainfränkischen Museum zu sehen.

Die VKU-Mitglieder, zu denen neben bildenden Künstlerinnen und Künstlern auch Architekten und Kunsthandwerker gehören, bauten die Kirche in Eigeninitiative mit Geschick wieder auf, zunächst als Provisorium, dann als Dauerbleibe. Im Jahr 2001 wurde das Spitäle komplett renoviert und umgestaltet. Dabei wurde eine Empore eingezogen. Was für eine schöne Plattform, um sich von hier oben dem Kunstgenuss hinzugeben! Oder um einfach durchzuschnaufen und die inspirierende Atmosphäre zu genießen.

Spitäle Galerie, Zeller Straße 1, 97082 Würzburg, Tel. (09 31) 4 41 19
Dienstag bis Sonntag 11 bis 18 Uhr
www.vku-kunst.de/

ÖPNV: Straßenbahnlinie 5, Haltestelle Rathaus, 5 Minuten Fußweg, Buslinie 7, Haltestelle Alte Mainbrücke

VKU 1919-2019
Jubiläumsausstellung

Einfach mal abhängen

2 *Fledermäuse live erleben*

Da, ein schneller Schatten fliegt lautlos durch die Luft! Das muss eine der Fledermäuse sein, die am Burkarder See von Frühjahr bis Herbst in den Abendstunden jagen. Die Parkanlage des ehemaligen Würzburger Umlaufkanals, direkt neben dem Burkarder Tor gelegen, ist ein wahres Paradies für diese nachtaktiven Säugetiere. Und ein Paradies für alle, die mehr über Fledermäuse erfahren oder sie gar live erleben wollen. Nur wenige Gehminuten von der alten Mainbrücke entfernt, hat die Umweltstation der Stadt Würzburg hier einen Fledermauslehrpfad eingerichtet, zusammen mit dem Naturwissenschaftlichen Verein Würzburg, dem Bereich Museologie der Universität, dem städtischen Gartenamt und dem Fachbereich Kultur. Eröffnet wurde er im November 2017.

Durch den 3000 Quadratmeter großen idyllisch gelegenen Park führt ein 220 Meter langer Spazierweg, der eingeschränkt barrierefrei ist. Fünf Tafeln informieren über das Leben der Fledermäuse. Auf einer sechsten ist mehr über die Geschichte des barocken Umlaufkanals zu erfahren, der sich bis 1950 anstelle des Parks befand. Gut 200 Jahre wurde dieser Wasserweg von Lastkähnen, Fischerbooten und Flößen genutzt, um das Wehr im Main oberhalb der Alten Mainbrücke zu umgehen – eine wichtige Einrichtung, um den Handel zu fördern.

Der Höhepunkt des Lehrpfades aber ist die Fledermaus-Detektorstation. Hier werden die für menschliche Ohren nicht wahrnehmbaren Ultraschallrufe der Fledermäuse hörbar gemacht, die gerade im Park jagen. Und das sind einige: etwa die Zwergfledermaus, der Große Abendsegler, das Große Mausohr oder die Mopsfledermaus. Sie alle finden in den feuchten Auen am Burkarder See jede Menge Insekten, die sie meist im Flug erbeuten. Der Kanaltunnel und die Wehrgänge der nahe gelegenen Festung bieten ihnen zudem einladende Sommer- und frostfreie Winterquartiere, um gemütlich abzuhängen.

TIPP Fledermäuse sind sommers in der Abenddämmerung auch im Stadtwald Würzburg und im Ringpark zu sehen.

Fledermauslehrpfad, neben dem Burkarder Tor, 97082 Würzburg

ÖPNV: Straßenbahnlinien 3, 5, Löwenbrücke/Buslinien 7, 17, 48 und weitere, Leistenstraße, jeweils 8 Minuten Fußweg

Ein Hauch von Hollywood

3 *Der Frankoniabrunnen auf dem Residenzplatz*

Eine kleine Pause gefällig? Die breite Stufe am Fuße des Frankoniabrunnens mitten auf dem Residenzplatz lädt ein, hier kurz zu verweilen und sich dem barocken Ambiente der Würzburger Residenz hinzugeben. Oder um den Blick den Würzburger Berühmtheiten zuzuwenden, die am Brunnen in Stein verewigt sind: dem Bildhauer Tilmann Riemenschneider, dem Minnesänger Walther von der Vogelweide und dem Maler Matthias Grünewald. Ihnen zu Häupten steht die Frankonia, die Symbolgestalt Frankens. In der linken Hand trägt sie das Rennfähnlein oder Würzburger Fähnlein, das sich in vielen Wappen des Einzugsgebietes des früheren Würzburger Stiftes findet.

In der Luft wabert Geschichte. Jetzt die Augen ein bisschen zukneifen und der Fantasie ihren Lauf lassen – schon fühlt man sich zurückversetzt in die Zeit der Würzburger Fürstbischöfe, die hier mit großem Prunk residierten. Hört die Pferdekutschen übers Kopfsteinpflaster rollen, schwere Brokatgewänder vorbeirauschen und ... Moment mal, war das nicht eben Milla Jovovich, die vorbeiflanierte? Heute wohl kaum. Aber im September 2010, da ist die Schauspielerin genau hier vorbeigegangen und geritten. Mit ihr Orlando Bloom, Christoph Waltz und all die anderen Stars des Hollywoodfilms „Die drei Musketiere". Zwei Wochen lang war die Würzburger Residenz Drehort für den opulenten Mantel-und-Degen-Streifen in 3-D. Drehorte in Würzburg für „Die drei Musketiere" waren übrigens auch die Alte Mainbrücke und die Festung.

Der Frankoniabrunnen hat im Film allerdings keine Rolle gespielt. Schließlich ist er zu jung. Eingeweiht wurde er erst 1894, also genau 150 Jahre, nachdem die Residenz im Rohbau fertig war. Er war ein Geburtstagsgeschenk der Würzburger Bürger an den Prinzregenten Luitpold von Bayern. Der bedankte sich im Gegenzug mit dem Kiliansbrunnen, der heute vor dem Hauptbahnhof steht. Aber wer weiß: Vielleicht haben die Schauspieler auf den Stufen des imposanten Brunnendenkmals ebenfalls ein Päuschen eingelegt, um das Treiben rundum zu beobachten – genauso wie mancher Tourist.

- **Frankoniabrunnen, Residenzplatz, 97070 Würzburg**
- **ÖPNV: Buslinie 9 und weitere, Haltestelle Residenzplatz**

Die schönste Schoppenmeile

4 *Die Alte Mainbrücke*

Tagsüber ist auf der Alten Mainbrücke oft so viel los, dass ein Durchkommen schwierig ist. Auch abends stehen noch Einheimische und Touristen auf ein Gläschen Frankenwein zusammen. Doch spätestens nachts bietet sich Gelegenheit, leichten Fußes dem Lied zu folgen:
Es führt über den Main / eine Brücke von Stein. / Wer darüber will geh'n, / muss im Tanze sich dreh'n.
Ob mit diesen Zeilen wirklich die Alte Mainbrücke in Würzburg gemeint ist oder die in Ochsenfurt oder Frankfurt, sei dahingestellt. Auf jeden Fall verführt das mittelalterliche Bauwerk in Würzburg geradezu, es beschwingten Schrittes zu überqueren. Wobei nach jeweils wenigen Metern ein Halt eingelegt werden sollte. Gleich am Anfang, von Seite der Festung kommend, ist es die Schleuse, die nicht nur Kinder in ihren Bann zieht. Mehrmals am Tag passieren hier schwer beladene Mainkähne. Behäbig öffnen sich die Schleusentore, lassen den Kahn ein, schließen sich gemächlich, ehe der schwere Schiffsrumpf Wasser unter den Kiel bekommt und wieder entlassen werden kann. Dem zuzuschauen ist Entschleunigung pur.

TIPP Im Krimi „Der Schoppenfetzer und der Brückenkrieg" spielt die Alte Mainbrücke eine tragende Rolle.

Einen Blick wert sind die zwölf barocken Statuen, die die Brückenpfeiler zieren. Unter ihnen befinden sich Frankenkönig Pippin der Jüngere und sein Sohn, Karl der Große. Außerdem natürlich die Frankenapostel Totnan, Kilian und Kolonat. Unter deren Schutz schmeckt der Brückenschoppen – Frankenwein in speziellen Viertellitergläsern, im Freien getrunken – noch mal so gut. Ausgeschenkt wird er an gleich drei Stellen auf der Brücke: in der Alten Mainmühle, im Weinbistro Mainwein und in der Vollkornbäckerei Köhler.
Ob mit oder ohne Schoppen in der Hand, von der Alten Mainbrücke bietet sich in alle Richtungen ein grandioser Ausblick: nach Westen auf das Spitäle und die Festung Marienberg, nach Osten auf den Alten Kranen, den mittelalterlichen Grafeneckart, den barocken Vierröhrenbrunnen und den romanischen Dom sowie ein Stück mainaufwärts auf eine der bekanntesten Mainweinlagen, den Stein.

Alte Mainbrücke, 97070 Würzburg
ÖPNV: Straßenbahnlinien 1, 3, 4 und 5, Haltestelle Rathaus, eine Minute Fußweg

Spielraum für Kreativität

5 *Die Druckwerkstatt im Kulturspeicher*

Wer die kleine Treppe am rechten Seitenflügel des Kulturspeichers hinaufgeht und sich innen nach rechts wendet, braucht ab da nur noch der Nase zu folgen. Schon hier oben liegt ein Hauch von Farbe in der Luft, riecht es ein kleines bisschen nach Metall, Holz und Maschinen. Eben nach all dem, was die Besucher der Druckwerkstatt im Untergeschoss tatsächlich erwartet. Vier historische, voll funktionsfähige Druckerpressen stehen in dem großen, hellen Raum, der einst Teil des Getreidespeichers am Alten Hafen war, dazwischen jede Menge Arbeitstische. Vor den Wänden und Säulen finden sich Metallregale, vollgestellt mit Farbdosen und Lösungsmitteln, Plastikbottichen, Pinseln und Wischlappen. Die beiden Spülbecken in den Ecken sind fürs Ätzen und Schleifen gedacht. Ein Schubladenschrank birgt schier unermessliche Papiervorräte, ein anderer handtellergroße hölzerne Druckbuchstaben. Sogar eine kleine selbst gebaute Dunkelkammer ist im hinteren Bereich untergebracht. Damit kann die Druckwerkstatt seit Kurzem neben Lithografie, Holz- und Linoldruck sowie Radiertechniken auch Fototypie anbieten – eine Technik, bei der die Druckvorlage über eine fotografische Belichtung erstellt wird.

Hier unten ist also jede Menge Platz für kreatives Tun. Und das Schöne: Jeder darf diesen Platz gegen einen geringen Beitrag nutzen und an den Pressen drucken – ob Jung oder Alt, Profi oder Laie. Die einzige Einschränkung: Wer die Werkstatt in Gebrauch nehmen möchte, muss sich vorher anmelden. Sonst kann es sein, dass alle Plätze belegt sind. Auch Besucher, die noch nie druckgrafisch gearbeitet haben, sind herzlich willkommen. Sie werden von der Werkstattleiterin Kristin Finsterbusch eingewiesen oder können einen der Kurse besuchen, die sie regelmäßig anbietet. Manche Besucher kommen nur einmalig vorbei, weil sie ein altes Klischee entdeckt haben, also einen fertigen Druckstock – und auch die sind ganz glücklich, dass sie einfach ein paar Abzüge machen können.

TIPP

Im Kulturspeicher findet sich auch das sehenswerte „Museum im Kulturspeicher".

Druckwerkstatt, Oskar-Laredo-Platz 1, 97080 Würzburg, Tel. (09 31) 5 06 12
bbk-unterfranken.de/druckwerkstatt.html

ÖPNV: Buslinien 9, 13, 18, 27 bis Kulturspeicher, 2 Minuten Fußweg

Die große Durchleuchtung

6 *Das Forschungslabor in der Röntgengedächtnisstätte*

Zu den größten Errungenschaften der modernen Medizin gehört die Entdeckung der Röntgenstrahlen. Es gibt kaum jemanden, der nicht schon einmal mit ihrer Hilfe untersucht oder behandelt wurde. Denn diese unsichtbaren Strahlen können nicht nur den menschlichen Körper durchleuchten und Knochen und innere Organe sichtbar machen. Sie werden auch therapeutisch eingesetzt, etwa um Entzündungen im Gewebe oder oberflächliche Tumore zu bekämpfen.

Entdeckt hat die Strahlen der Maschineningenieur und Physiker Wilhelm Conrad Röntgen am Abend des 8. November 1895 in seinem Labor im Physikalischen Institut der Universität Würzburg – wie manch andere medizinische Sensation dieser Zeit eher zufällig, als er mit anderen Experimenten beschäftigt war. Das Potenzial von Röntgens Entdeckung wurde zum Glück sofort erkannt. Bereits im Januar 1896 hielt der Forscher seinen ersten (und einzigen) öffentlichen Vortrag zu diesem Thema. Dabei entstand das bekannte Röntgenbild einer Hand mit Ring. Nur fünf Jahre später wurde Röntgen für seine Arbeiten mit dem ersten Nobelpreis für Physik ausgezeichnet. Da war er allerdings schon einem Ruf der Universität München gefolgt. Doch das Würzburger Entdeckungslabor wird seitdem in Ehren gehalten.

Noch heute ist es, geschützt durch eine Glastür, für jeden und ohne Eintritt einsehbar. Auch das macht die Röntgengedächtnisstätte so sympathisch: Sie ist eingebettet in den Alltag von Forschung und Lehre, denn das Gebäude gehört inzwischen zum Campus der Hochschule für angewandte Wissenschaften Würzburg-Schweinfurt. Unter anderem finden hier Veranstaltungen des Studiengangs Kunststoff- und Elastomertechnik statt. Röntgen lebte mit seiner Frau im Obergeschoss des Physikalischen Instituts. Im Hochparterre geht es heute entlang der Schautafeln mit Texten, Bildern und Audiobeiträgen. Am Ende öffnet sich dann der Blick in Röntgens Labor. Unglaublich, dass in einem derart unspektakulären Raum solch bahnbrechende Forschung möglich war! Und wo ständen wir heute bloß ohne sie? Danke, Professor Röntgen!

Röntgengedächtnisstätte, Röntgenring 8, 97070 Würzburg, Tel. (09 31) 35 11 60 02
www.wilhelmconradroentgen.de

ÖPNV: alle Busse und Straßenbahnen bis Hauptbahnhof, 5 Minuten Fußweg

Wasser, marsch!

7 *Der Wasser- und Erlebnisspielplatz in der Zellerau*

Der Fußweg von der Altstadt zur Festung Marienberg ist nicht lang, wenn auch etwas anstrengend, da es kontinuierlich bergauf geht. Doch das ist nicht der Grund, warum Familien mit Kindern vor allem an warmen Tagen für die Strecke großzügig Zeit einplanen sollten. Ein paar Stunden könnten es schon werden. Auf halbem Weg wartet nämlich ein bezaubernder Wasser- und Abenteuerspielplatz, der schon alleine einen Ausflug nach Würzburg wert ist. Angelegt wurde er zur bayerischen Landesgartenschau 1990. Bis heute hat er nichts von seiner Attraktivität verloren.

Während die Kinder begeistert auf Entdeckungsreise gehen, an der Pumpe hantieren, die Schleusen und Schieber ausprobieren, eigene kleine Wehre bauen und beobachten, wie sich daran das Wasser staut und dann seinen Lauf verändert, können sich ihre erwachsenen Begleiter eine Auszeit nehmen. Es sei denn, es packt sie ebenfalls die unbändige Lust zu planschen, zu matschen und zu buddeln, zu schaukeln und zu klettern (was gar nicht so selten vorkommt).

Größere Kinder haben an den anspruchsvolleren Spielgeräten wie Wackelbrücke, Spinnennetz oder der sechs Meter langen Edelstahlrutsche ihren Spaß. Außerdem lädt sie das abwechslungsreich gestaltete Gelände mit seinen Findlingen, Hecken, Bäumen, Wegen und Wiesen zum Toben und zu Abenteuerspielen ein.

Zu heiß wird es hier selten. Zum einen befindet sich das Gelände in einem Graben unterhalb der Festungsmauern. Schon diese Lage sorgt für meist angenehmes Klima. Außerdem baut das Gartenamt über dem Wasserspielbereich jeden Sommer Sonnensegel auf. Die halten UV-Strahlen genauso ab wie kleinere Regenschauer. Die Ruhebänke für Erwachsene finden sich unter begrünten Lauben. Hier lässt es sich genießen, dass fernab vom Autoverkehr endlich einmal wieder die Kinder das Tempo vorgeben. Und wir ihnen gerne folgen.

Gerätespielgraben/Wasserspielplatz, Zeller Straße, 97082 Würzburg
ÖPNV: Straßenbahnlinien 2, 4, Haltestelle Wörthstraße

Aller Segen kommt von oben

8 *Die Würzburger Hausmadonnen*

Sie gilt als die stärkste Frau Bayerns und ist so gut wie immer mit Kind unterwegs. Mal tritt sie als kurvige Schönheit auf, mal als entrückte Engelsgleiche, dann wieder als selbstbewusste Kämpferin. Wer sie entdecken will, muss nur den Blick heben zu Hausecken, Wandnischen und Portalen. Denn dort oben steht sie und verteilt ihren Segen an die Passierenden: Maria, Patrona Bavariae, Schutzheilige Bayerns.

Die Tradition der Hausmadonnen geht bis ins Mittelalter zurück. Den Hype um die Schutzfigur löste aber erst Kurfürst Maximilian I. von Bayern aus. Der Marienverehrer ließ 1616 eine bronzene Madonna an der Münchner Residenz anbringen. Was bei Hofe in war, wollten die Bürger ebenfalls haben, vor allem, wenn sie wie die Würzburger genauso katholisch waren wie Maximilian. Wer in der fürstbischöflichen Stadt am Main etwas auf sich hielt und es sich leisten konnte, schmückte bald sein Haus mit einem Marienbildnis. Das sah gut aus, versprach Schutz und zeigte den anderen: Hier wohnt ein gottesfürchtiger Mensch!

Auch wenn die Marienverehrung abgenommen hat: Es lohnt sich, nach den schönen Figuren Ausschau zu halten. Wer die erste entdeckt hat, wird bald die nächste sehen und dann die dritte und vierte suchen. Schließlich gibt es rund 140 Hausmadonnen in Würzburg. Ein besonders schönes Exemplar, ganz in Weiß und Gold gehalten, findet sich in der Burkaderstraße 22. Hier thront Maria als Rokokofürstin über dem Portal. Den Fuß auf eine Mondsichel gebettet, hält sie entspannt ihr Kind im Schoß und blickt träumerisch in die Ferne. Ein bisschen durch den Wind gekommen scheint die Madonna in der Sanderstraße 4a. Unter ihrem zerzausten Mantel lugen verspielt Engelsköpfe hervor. Fast archaisch wiederum wirkt das Relief in der Domstraße 17, das Anfang der 1950er-Jahre geschaffen wurde.

Andere Hausheilige konnten Maria nie den Rang ablaufen. Denn während jeder Heilige sein Spezialgebiet hat, ist Maria für alle Notlagen zuständig. Wer könnte sie da nicht lieben?

Hausmadonnen an diversen Gebäuden in der Stadt, etwa Burkaderstraße, Domstraße, Sanderstraße, Alte Mainbrücke, Am Grafeneckart und viele andere

1745 – 1945

Töpfern für jeden

9 *Im Kreativraum TonArt*

In digitalen Zeiten nimmt das Bedürfnis zu, etwas mit den eigenen Händen zu schaffen. Womit könnte das besser gelingen als mit einem so sinnlichen Werkstoff wie Ton? Die plastische Masse verlangt zunächst kraftvollen Einsatz. Einmal weich geknetet, lässt sie sich dann in jede beliebige Form ziehen, drücken oder drehen. Der erdige Geruch beruhigt die Nase, die bräunliche Farbe entspannt das Auge. Kein Wunder, dass Töpfern im Trend liegt. In der Töpferwerkstatt TonArt ist daher immer etwas los. Hier kann, wer mag, aus Ton eigene Keramik gestalten und brennen lassen. Oder einen Keramikrohling verzieren, etwa eine Müslischale oder einen Henkelbecher.

Früher war in den Räumen von TonArt eine Goldschmiede zu Hause. 2014 hat Stefanie Kiesel die Werkstatt entdeckt und ihren Kreativraum daraus gemacht, in dem alle das Arbeiten mit Keramik gegen einen geringen Kostenbeitrag ausprobieren dürfen. Heute kommen hier Junggesellinnen vorbei, um ihren Abschied zu feiern. Kinder dürfen mit Freunden kleine Objekte gestalten oder sich ein paar Stunden kreativ austoben, während Papa und Mama Einkäufe erledigen. Erwachsene jeden Alters lassen sich bei Kursen oder Einzelstunden in die Technik des Tonens einführen. Manche kommen spontan vorbei, um sich am Töpfertisch alleine auszuprobieren. Auch wer nur einen Kaffee genießen und zuschauen will, ist in dem liebevoll eingerichteten Laden willkommen.

Im Vorraum fällt sofort die aus Holzplanken gestaltete Theke ins Auge, die ebenso an Omas Küche wie an ein Bücherregal erinnert. Auf dem breiten Fenstersims und in den Sesseln lässt sich entspannen, während es im Nebenraum praktisch zur Sache geht. Auf der einen Seite stehen die Regale mit den Rohlingen. Auf der anderen finden sich fertig gebrannte Töpferwaren, bereit zum Abholen von ihren Schöpfern. In der Ecke wartet der Brennofen auf Nachschub, der gerade am Tisch in der Mitte produziert wird. Und überall sieht man strahlende Gesichter. Etwas zu schaffen, macht eben stolz wie Bolle.

▶ TonArt Kreativraum, Ursulinergasse 6/Eingang Bockgasse, 97070 Würzburg, Tel. (01 76) 34 49 16 08, www.tonart-wue.de

▶ ÖPNV: Straßenbahnlinien 1, 3, 4, 5 bis Rathaus, 3 Minuten Fußweg

Gemütlich einrollen

10 *Die Anfahrt mit dem Zug*

Einer der unbeschwertesten Wege, um nach Würzburg zu kommen – der zudem das Umweltherz lachen lässt –, ist der per Zug. Die Einbindung der unterfränkischen Bezirkshauptstadt an das ICE-Netz ist phänomenal. Nur drei Stunden braucht es von Hamburg, zwei von München, zweieinhalb von Köln, vier von Berlin. Würzburg liegt wirklich im Herzen von Deutschland – und der Würzburger Hauptbahnhof nicht weit vom Stadtzentrum. Von hier kommt man unkompliziert zu allen sehens- und erlebenswerten Orten der Stadt.
Doch zurück zur Anfahrt und in den Zug. Spätestens wenn es heißt „Nächster Halt: Würzburg“, gilt es, die Nase an die Scheibe zu drücken – voller Vorfreude auf die Blicke, die es gleich zu erhaschen gibt. Von Norden kommend, sind es die Weinberge, die als Erstes ins Auge fallen. Die Bahnstrecke führt zwischen Main und der bekannten Steillage Würzburger Stein vorbei, die gekrönt wird vom Schlosshotel Steinburg. Bis zu 80 Grad neigt sich an manchen Stellen der Hang! Hier sind die Trauben bis in den Herbst der vollen Sonnenwärme ausgesetzt. Der wärmespeichernde Muschelkalkboden versorgt die Trauben zudem mit einem ganz besonderen Aroma. Schon Goethe ließ sich regelmäßig mit „Wein vom Stein“ beliefern. Mit dem Zug von Süden kommend, bietet sich ein imposanter Blick auf die Festung Marienberg, die auf der anderen Mainseite liegt, und auf all die Türme der Stadt. Wie reich das katholische Würzburg an Kirchen ist und wie viel es in der Stadt an besonderen Orten zu entdecken gibt, wird spätestens hier klar.
Ob der Hauptbahnhof selbst ein Schmuckstück ist, darüber streiten sich die Geister. Doch der nüchterne Nachkriegsbau hat auf jeden Fall seine charmanten Seiten. Dazu gehört ohne Zweifel die riesige Uhr, die mittig vor der breiten Glasfront angebracht ist. Sie sieht so typisch nach Bahnhof aus, dass man sich sofort auf Reisen und außerhalb des Alltags fühlt. Jetzt gilt es nur noch, durchzustarten und die Stadt zu genießen.

TIPP

Am Bahnhofsplatz steht der Kiliansbrunnen, ein Geschenk von Prinzregent Luitpold an die Stadt.

Hauptbahnhof Würzburg, Bahnhofplatz 4, 97070 Würzburg

11 Pause machen auf der Leonhard-Frank-Promenade

Zu einer richtigen Stadt gehört ein richtiger Fluss. Ein Fluss, der mehr ist als glitzernde Dekoration, sondern der echtes Leben mit sich bringt. Genau solch einen Fluss hat Würzburg mit dem Main, hier ist ständig etwas los. Personenschiffe fahren vom Alten Kranen nach Veitshöchheim und zurück. Binnenschiffe transportieren ihre Fracht von Aschaffenburg Richtung Schwarzes Meer und umgekehrt. All dieses Treiben lässt sich wunderbar entspannt von der linksmainischen Leonhard-Frank-Promenade aus beobachten. Der breite Spazier- und Radweg gehört zum Stadtteil „Meeviertel", auf hochdeutsch Mainviertel, und befindet sich unmittelbar am Mainufer. Er beginnt auf Höhe des Restaurants Jahnterrasse und führt von da 650 Meter südlich erst durch eine kleine Parkanlage, dann unter der Alten Mainbrücke hindurch bis zum Biergarten Goldene Gans. Aber so weit braucht man gar nicht zu gehen, denn gleich zu Anfang laden die Bänke unter den Schatten spendenden Platanen zum Pausieren ein. Auch auf der Wiese sitzt es sich gut. Oder direkt an der Ufermauer, die Beine über dem Wasser baumelnd, den Arm nötigenfalls sichernd um einen der grau-gelben Poller geschlungen.

TIPP Nahe der Promenade finden sich Reste der barocken Uferbefestigung.

Besonders schön ist es hier am frühen Abend, wenn die gegenüberliegende Uferzeile der Altstadt in der tief stehenden Sonne leuchtet. Hinter dem barocken Alten Kranen mit seinem Doppelausleger reckt sich der rote Turm der Marienkapelle in die Höhe, die Spitzen des Doms lugen gerade noch so über die Dächer. Auf der Promenade schlendern mit Tüten bepackte Paare vorbei, dazwischen kreuzen Radfahrer, Jogger und Inlineskater. Keiner drängt, jeder scheint Zeit zu haben. Die Geräusche passen zur Feierabendstimmung: das Kinderlachen vom Spielplatz, gedämpfter Rap aus einem Ghettoblaster, ein paar klassische Flötentöne, die von Richtung Alter Mainbrücke herüberschweben. Hier könnte man ewig sitzen bleiben.

Leonhard-Frank-Promenade, 97082 Würzburg
ÖPNV: Straßenbahnlinien 2 und 4, Haltestelle Talavera

Treffpunkt für Jakobspilger

12 *Der Schottenanger im Mainviertel*

Ein Grasplatz ist er nicht mehr, der Schottenanger, auch wenn das Wort „Anger“ dies ursprünglich bedeutet. Das Sträßchen gleichen Namens umschließt jedoch einen lauschigen Platz, der zum Innehalten einlädt. Er liegt ein bisschen versteckt, sodass Touristen nur selten und wenn, eher per Zufall vorbeikommen. Bekannt ist der Ort jedoch bei Pilgern. Die hier stehende St. Jakobskirche, auch als Don-Bosco- oder Schottenkirche bekannt, ist Endpunkt des unterfränkischen Jakobswegs, der von Schweinfurt nach Würzburg führt, und Ausgangspunkt des fränkisch-schwäbischen Jakobswegs, der in Ulm endet. Links neben der Kirchentür hängt eine Übersichtskarte, in der alle Etappen und Zielorte vermerkt sind.

In seiner wechselhaften Geschichte hat der Schottenanger schon viele Pilger gesehen. Daher leitet sich sein Name ab. Der erste Strom der frommen Reisenden kam aus der Heimat des iroschottischen Missionsbischofs Kilian. Der soll 689 in Würzburg ermordet und unter der Herzogsburg verscharrt worden sein. Heute steht dort das Neumünster. Als immer mehr Menschen zum Märtyrergrab zogen, wurde am Schottenanger eine Herberge für die iroschottischen Pilger gebaut. Um 1130 kam ein Kloster hinzu: der Konvent der Scoti, der Schotten. Das Kloster wurde – da war es schon über 100 Jahre säkularisiert – bei dem Bombenangriff am 16. März 1945 zerstört. Das Gelände ging an die Salesianer Don Boscos über, die heute dort ihr Bildungswerk haben.

TIPP Pilgerausweise gibt es im Kileaneum, rund zwei Kilometer entfernt auf der anderen Mainseite.

Ein wahrer Augenschmaus am Schottenanger ist das evangelische Pfarrhaus der Deutschhausgemeinde. Mit seiner barocken Fassade und der Freitreppe, die zu einem schön verzierten Portal führt, hat es so gar nichts schlicht Protestantisches an sich. Es wirkt wie ein großbürgerliches Wohnhaus, das es einst auch war. Mut macht die Tafel, die neben dem Portal angebracht ist: „Erbaut 1708. Zerstört 1945. Wieder aufgebaut 1957.“ Die Botschaft ist überzeugend: Das Leben geht weiter, wenn wir uns nicht unterkriegen lassen!

Schottenanger, 97082 Würzburg

ÖPNV: Straßenbahnlinien 2, 4, Haltestelle Neunerplatz, 7 Minuten Fußweg

Begrünte Aussicht

13 *Die Rankpyramide am Eingang zum Sieboldgarten*

Für die bayerische Landesgartenschau 1990 in Würzburg hatten die Planer zwei große Ziele. Das Gelände sollte die Mainauen am linken Mainufer mit dem Marienberg, auf dem die Festung steht, verbinden und den Stadtteil Zellerau attraktiver machen. Und nach dem Ende der Schau sollten so viele Parkanlagen wie möglich als öffentliche Freizeitbereiche erhalten bleiben. Mit diesen Zielen ist es gelungen, der Stadt eine außergewöhnliche Parkanlage zu bescheren, von der alle, die in Würzburg wohnen oder die Stadt besuchen, bis heute profitieren.
Doch während manche Bereiche des Geländes sehr beliebt sind – vor allem die an der Nordflanke der Festung gelegenen, etwa der Rosengarten oder der japanische Garten – scheinen andere fast unentdeckt. Dabei tut sich ein magischer Ort gleich zu Beginn des sich über 14 Hektar erstreckenden Geländes auf, im unteren Teil, nahe der Friedensbrücke: die Rankpyramide. Die filigrane Stahlkonstruktion aus 1199 Rundrohrstäben krönte 1990 den Haupteingang zur Landesgartenschau, und wer unter ihr hindurchgeht, gelangt noch immer auf anderthalb Kilometer Fußweg durch die diversen Gärten und Gräben bis hinauf zur Festung.
Als erster Aufstieg lohnt jedoch, die Wendeltreppe zur Aussichtsplattform in der Pyramide zu nehmen. Auf fünf Metern Höhe bietet sich ein zauberhafter Blick über den Sieboldgarten und den Luitpoldgraben bis zur Festung, auf Blütenstauden, Gräser und Wasser, auf die acht Meter hohe Gegenpyramide, die sich an die gegenüberliegenden Mauern des Festungsgrabens schmiegt und einen architektonischen Kontrapunkt zur großen Pyramide setzt. Und auf schlendernde Menschen. Denn wer die Eingangspyramide passiert hat, verlangsamt automatisch seinen Schritt, als ob ein geheimer Zauber wirke.
Der ist ganz besonders hier oben zu spüren. Kletterpflanzen hüllen die Pyramide je nach Jahreszeit in frische Weiß-grün- oder warme Rottöne. Sie spenden Schatten, filtern den Autolärm und zeichnen zusammen mit dem Sonnenlicht ein changierendes Muster auf den Boden. Einfach himmlisch!

Rankpyramide, Ecke Luitpoldstraße/Dreikronenstraße, 97082 Würzburg
ÖPNV: Straßenbahnlinien 2, 4, Buslinie 7, Haltestelle Talavera, 2 Minuten Fußweg

14 *Die Stadtbücherei am Marktplatz*

Mit seiner zartgelben Fassade, den verschnörkelten weißen Fensterumrandungen und den geschweiften Dachgiebeln erinnert das Falkenhaus am Marktplatz an eine reich verzierte Sahnetorte. Und löst bei Würzburgbesuchern bewundernde Ahs und Ohs aus. Was mag sich hinter dieser wunderschönen Rokokofassade wohl verbergen? Im 18. Jahrhundert war das Haus ein Gasthof. Und heute? Einfach hineingehen und nachschauen!

Neben dem Haupteingang sind das Tourismusbüro und der Schokoladenladen von Kathinka Bossert untergebracht. Den größten Raum über drei Stockwerke nimmt jedoch die Stadtbücherei ein, die während der Öffnungszeiten alle willkommen heißt, Einheimische wie Gäste. Hier darf jeder, der mag, lesen, lernen oder einfach stundenlang in Büchern schmökern und Zeitschriften blättern. Und sich dabei von der Muse wie der Muße beseelen lassen, die in diesen lichtdurchfluteten Räumen zu Hause sind. Rund 180.000 Medien stellt die Bücherei im Falkenhaus ihren Nutzern zur Verfügung und wurde für ihr Angebot schon mehrfach ausgezeichnet: als Bibliothek des Jahres, als Siegerin im nationalen Bibliotheksranking oder als Partnerin der Schulen.

TIPP Im Makerspace der Stadtbücherei können digitale Geräte und Technologien ausprobiert werden.

In den Fensternischen stehen kleine Tische bereit, die zu konzentriertem Arbeiten einladen. Daneben finden sich überall weitere Lesemöglichkeiten: Stuhl und Tisch für alle, die sich einen raschen Überblick verschaffen möchten; gemütliche Sofas für diejenigen, die sich an Ort und Stelle in ihre Lektüre vertiefen wollen. Besonders glücklich darf sich schätzen, wer den Platz in der gemütlichen Dachgaube ergattern konnte – zumindest an nicht zu heißen Tagen. Im Sommer ist der begrünte Innenhof einer der denkbar schönsten Flecken, um sich mit Büchern zu verabreden. Wem anschließend der Sinn nach einem Kaffee oder einer Kleinigkeit zu essen steht, muss sich nur ins Erdgeschoss begeben. Im inklusiven Lesecafé bieten Menschen mit Behinderung Getränke, selbst gebackenen Kuchen und kleine Snacks an. Schließlich gehören Leib und Seele zusammen.

Stadtbücherei Würzburg, Marktplatz 9, 97070 Würzburg, Tel. (09 31) 37 34 38
ÖPNV: Straßenbahnlinien 1, 3, 4, 5, Haltestelle Dom, 2 Minuten Fußweg

Englisch
MALALA
THE CAT IN THE HAT

Reinste Spielfreuden

15 *Der Spielzeugladen „Die Murmel"*

Hinter diesen beiden Schaufenstern muss sich die geheimnisvolle Welt des Zauberers von Oz verbergen. Oder die Märchenwiese aus Peterchens Mondfahrt. Möglicherweise wartet hinter der Tür auch Alice, um ihr Wunderland zu zeigen!

Wer sich endlich von den liebevoll gestalteten Auslagen der „Murmel" losgerissen hat und den Spielzeugladen betritt, wird nicht enttäuscht. Im Inneren herrscht eine ganz besondere Atmosphäre. Das beginnt bei dem freundlichen Blick, mit dem jeder willkommen geheißen und niemand bedrängt wird. Hier darf man sich in aller Ruhe umschauen. Das lohnt sich, denn auf den 80 Quadratmetern gibt es vieles zu entdecken. In den maßgefertigten Regalen aus Massivholz kuscheln Handpuppen mit Teddybären, parken Holzeisenbahnen unter Handtrommeln, hängen Prinzessinenkostüme neben Ritterausrüstungen, stapeln sich wohlsortiert Experimentierkästen, Bücher, Brett- und Gesellschaftsspiele. Oberhalb der Regale zieht sich ein Gemälde in zarten Gelb- und Orangetönen über die Wand. Es stammt von Markus Westendorf, der als Stadtgrafiker unter anderem Plakate, Broschüren und Faltblätter für die Stadt Würzburg gestaltet. Ins rechte Licht gesetzt wird das verspielte Interieur durch Strahler an der Decke, die an einen Sternenhimmel erinnern.

Wer ein Geschenk sucht, wird in der „Murmel" sicher fündig, ob für Kinder oder Erwachsene. Auch wer sich nur umschauen will, wird den Laden kaum mit leeren Taschen wieder verlassen. Zu verführerisch sind selbst die Kleinigkeiten, die einen hier anlachen und zum Unbeschwertsein einladen. Wie wäre es mit einem Winddrachen für die Handtasche, der beim nächsten Spaziergang zum Einsatz kommt? Oder mit einer romantischen Schneekugel samt Würzburgmotiv? Wer Spielzeug reparieren lassen möchte oder Ersatz für verlorene Spielsteine braucht, ist ebenfalls an der richtigen Adresse. Bevor ein Käufer oder eine Käuferin den Laden verlassen, wartet noch eine Überraschung auf sie: eine Glücksmurmel als Dreingabe, die hilft, einen geheimen Wunsch zu erfüllen.

Die Murmel – Spiele und Verspieltes, Augustinerstraße 7, 97070 Würzburg, Tel. (09 31) 5 93 49
www.die-murmel.de
ÖPNV: Straßenbahnlinien 1, 3, 4 und 5, Haltestelle Rathaus, 3 Minuten Fußweg

Die Murmel
SPIELE & VERSPIELTES
Die Murmel
SPIELE UND VERSPIELTES
MAGIC
Planetarium
KOSMOS
SUDOKU
FEUERDRACHEN

Sternstunden zur Mittagszeit

16 *Die öffentliche Kurzkonzertreihe „Musik publik"*

„Eine schöne prächtige Stadt", befand Wolfgang Amadeus Mozart, als er 1790 in Würzburg Station machte. Was würde er erst heute sagen, wenn er vorbeikäme? Denn Musik gehört zu Würzburg wie Frankenwein und der Main. Ein Grund, warum Würzburg so musikliebend ist, ist sicherlich die Musikhochschule. Die älteste Musikakademie Deutschlands liegt mitten in der Stadt, verteilt auf drei Standorte, alle in Sichtweite der Residenz. 50 künstlerische und pädagogische Fächer werden hier angeboten, alle Orchesterinstrumente unterrichtet. Entsprechend groß ist die Vielfalt der Konzerte, die von den rund 600 Studierenden gegeben werden. Denn wer Musiker werden will, muss und möchte vor Publikum spielen. Welche Darbietung wann zu hören ist, steht auf der Website der Musikhochschule.

Ein bemerkenswertes Angebot darunter ist die Reihe „Musik publik". Jeden Mittwoch und Freitag während des Semesters spielen Studierende um 12 Uhr „Short Recitals zur Mittagszeit". Das sind Kurzkonzerte mit ganz unterschiedlichem Programm, professionell moderiert und immer hörenswert. Eine Dreiviertelstunde bieten sie eine klangvolle Auszeit vom Alltag, kostenfrei und für jedermann. Für die Studierenden und ihr Publikum ist die Reihe zu einem wichtigen Teil des Semesters geworden, denn Musik publik gibt es bereits seit 2003. Viele Hundert junge Künstler haben sich im Laufe der Zeit hier präsentiert und Bühnensicherheit gewonnen. Sie über die Jahre in ihrer Entwicklung zu beobachten, ist ein Aspekt, der regelmäßige Zuhörer immer wieder anzieht. Für andere ist der mittägliche Kunstgenuss zu einer „Sternstunde" im Alltag geworden, die sie nicht missen möchten. Denn Musik live zu hören und zu sehen, ist immer wieder ein besonderes Erlebnis.

Wer dabei sein will, sollte nur rechtzeitig kommen, um einen guten Platz zu ergattern. Und dann: einfach zurücklehnen und die Musik genießen.

Musikhochschule Würzburg, Kammermusiksaal, Gebäude am Residenzplatz, Hofstraße 13, 97070 Würzburg, www.hfm-wuerzburg.de/veranstaltungen

ÖPNV: Buslinien 9, 48, 51 und weitere, Haltestelle Residenzplatz, 3 Minuten Fußweg

Mit den Profis schwimmen

17 *Das Wolfgang-Adami-Bad im Frauenland*

Springen, spritzen, plantschen, tauchen, Bahnen ziehen oder sich ganz einfach treiben lassen: Wasser zieht Menschen magisch an. Kinder allemal, sie sind in der Regel wahre Wasserratten, aber auch Erwachsene lieben das Nass. Rund ein Drittel derer, die Sport treiben, geht regelmäßig schwimmen. Kein Wunder, denn dazu braucht es keine teure Ausstattung und keine aufwendige Anreise. Schwimmen ist wunderbar unkompliziert, supergesund und entspannend, lässt sich unabhängig vom Wetter und in fast jeder Stadt ausüben. Man muss sich nicht anmelden und keinem Verein beitreten. Und wenn man Glück hat, kann man ganz nebenbei ein paar Könnern zuschauen, wie sie durchs Wasser gleiten.

Die Chance auf dieses Glück ist im Wolfgang-Adami-Bad besonders groß. Hier trainieren die Schwimmer, Wasserballer, Triathleten und Synchronschwimmerinnen des SV Würzburg 05, mit 3000 Mitgliedern Deutschlands größtem Schwimmverein, wie erzählt wird. Zu den bekanntesten Athleten gehört der ehemalige Freiwasserschwimmer Thomas Lurz, der zwölfmal Gold bei Weltmeisterschaften gewann. Die Öffnungszeiten des Bades sind auch für Freizeitschwimmer traumhaft. Morgens ums sechs, am Wochenende um sieben öffnen sich die Türen, erst um 22 bzw. 21 Uhr schließen sie wieder. Neben dem 50-Meter-Becken in der Halle wartet draußen eine Freianlage mit Sole- und Bambinibecken, Wiese, Spielplatz und Beachvolleyballfeld, und natürlich gibt es eine Sauna. Das alles verspricht Entspannung pur, sommers wie winters.

TIPP Neben dem Bad liegt der Abenteuergolfpark des SVW05, eine Mischung aus Outdoor-Minigolf und Golf.

Wer eine besondere sportliche Herausforderung sucht, kann einen Schwimmkurs buchen, etwa einen Stilkurs Kraul. Den gibt es für Anfänger wie für Fortgeschrittene, die ihre Technik verbessern wollen. Auch private Einzelstunden bieten die SV-Trainer an – 45 Minuten, in denen man sich einmal ganz intensiv seinem Hobby widmen und viel dazulernen kann. Also unbedingt dran denken: Schwimmzeug einpacken, wenn es nach Würzburg geht! Übrigens: Das Taufwasser für das Adami-Bad wurde aus der amerikanischen Schwimmhochburg Fort Lauderdale geholt.

Wolfgang-Adami-Bad, Oberer Bogenweg 1, 97084 Würzburg
ÖPNV: Buslinie 6, Haltestelle Sanderrothstraße, Buslinie 214, Haltestelle Fachhochschule

Mittagsmeditation

18 *Der Orgelimpuls „5 nach 12" im Kiliansdom*

„Dom Würzburg. Kirche für Menschen" lautet das Motto der Dompfarrei, mit dem sie sich und ihre Kirche auf ihrer Internetseite präsentiert. Der Satz kann als Aufforderung an die Besucher verstanden werden, sich einmal Zeit zu nehmen und den Kiliansdom nicht nur als großartiges Bauwerk wertzuschätzen, sondern sich auch spirituell auf ihn einzulassen. Gelegenheiten dazu finden sich in der romanischen Basilika aus der Zeit der salischen Kaiser reichlich, etwa im Kreuzgang, in der Krypta mit dem Merowingerkreuz oder in der Sepulturkapelle, der Grablege der Domherren, mit dem faszinierenden Fensterzyklus von Georg Meistermann. Eine weitere eindrucksvolle Gelegenheit zum Innehalten bietet sich montags bis samstags in der Zeit zwischen Dienstag nach Ostern und dem 31. Oktober, jeweils um 12:05 Uhr. Dann laden der Domorganist mit seinen Assistenten sowie Seelsorgerinnen und Seelsorger der Gemeinde zu einer 15-minütigen Auszeit vom Alltag ein. Den Anfang macht die Musik. Schon die ersten Töne der großen Domorgel greifen nach dem ganzen Menschen, der hier sitzt und zuhört. Wohl kaum ein anderes Instrument wirkt ähnlich ganzkörperlich. Die Töne flöten, pfeifen, zischen, singen oder dröhnen durch den Kirchenraum. Sie legen sich um die Haut, gelangen mit jedem Atemzug tief in die Lungen und bringen das Innerste zum Klingen. Ob die Kirchenorgel wohl deshalb die Königin der Instrumente genannt wird? Dazu könnte allerdings auch ihre rein physische Größe beitragen. Die wird bei der Hauptorgel im Kiliansdom noch durch die „spanischen Trompeten" unterstrichen – ein Orgelregister, das horizontal angeordnet ist und in den Raum strahlt.

Ist die Orgel im Dom verklungen, folgt ein kurzer Textimpuls zum Nachdenken oder Anregen – und schon ist die Viertelstunde wie im Fluge vergangen. Wer jetzt den Dom noch nicht verlassen möchte, kann um 12:30 Uhr an der öffentlichen Führung teilnehmen. Treffpunkt ist der siebenarmige Leuchter im Dom, Tickets gibt es an der Dominfo am Domvorplatz.

TIPP Ein weiterer besinnlicher Ort ist der Kreuzgang des Kiliansdoms, an der Südseite des Langhauses.

Dom St. Kilian, Domstraße 40, 97070 Würzburg
www.dom-wuerzburg.de
ÖPNV: Straßenbahnlinien 1, 3, 4, 5, Haltestelle Dom

19 *Die interaktive Wissenschaftsausstellung Touch Science*

Warum ist das so? Wie funktioniert das? Mit solchen Fragen können Kinder ihre Eltern an den Rand des Wahnsinns treiben. Sie wollen alles durchdringen, denn nur so können sie sich die Welt erobern. Sieht man das Strahlen in den Augen eines Kindes, wenn es etwas verstanden hat, wird schnell klar: Zu den befriedigendsten Momenten in unserem Leben gehören die des Begreifens. Auch Erwachsene sind leidenschaftlich neugierig und freuen sich wie die Schneekönige, wenn sie ein Geheimnis der Welt lüften konnten, und sei es ein ganz kleines.

„Jetzt hab ich's verstanden!" Dieser Satz, begleitet von einem zufriedenen Lächeln, ist deshalb in der Mitmach-Wissenschaftsausstellung Touch Science am Hubland oft zu hören. An gut 20 interaktiven Exponaten auf einer Fläche von 350 Quadratmetern können die Besucher selbst Hand anlegen und naturwissenschaftliche Zusammenhänge entdecken. Die Bandbreite der vier Themeninseln reicht von mathematischen Knobeleien über Exponate zum menschlichen Körper bis zur Teilchenphysik. In der Nebelkammer entdeckt man kleinste Partikel, die für das Auge normalerweise unsichtbar sind. An der Herzschlagtrommel hört und sieht man sein eigenes Herz pumpern und kann untersuchen, wie es auf Reize reagiert. An der Station „Mindball" steuert man eine Kugel mit der Kraft der eigenen Gedanken. Einfach faszinierend!

Genau das ist es, was die Macher der Wissenschaftsausstellung bei ihren Besuchern erreichen wollen: die Faszination für naturwissenschaftliche Phänomene wecken und den spielerischen Umgang mit Wissenschaft anregen. Noch ein zweites Ziel verfolgt Touch Science. Die Einrichtung ist in die Universität eingebunden und Teil der Lehrerausbildung. Die Studierenden verfassen die Erklärtexte zu den Exponaten. Sie helfen Einzelbesuchern, führen Schulklassen und üben so schon früh, komplexe Zusammenhänge einfach verständlich zu machen. So vermittelt Touch Science seinen kleinen und großen Besuchern die ganz basale Erfahrung: Lernen macht glücklich.

Touch Science, Didaktik-Zentrum MIND , Campus Hubland Nord, Matthias-Lexer-Weg 25, 97074 Würzburg, Tel. (09 31) 3 18 36 24
www.mind.uni-wuerzburg.de/entdecken
ÖPNV: Buslinie10, Haltestelle Sprachenzentrum

Eisbär & Eisprinzessin

20 *Die Eisbahn am Nigglweg*

Was gehört zu einem perfekten Winter? Mindestens einmal Schnee, der die Welt in Watte hüllt. Ein paar Tage klirrende Kälte, an denen Dächer, Sträucher und Wiesen im Raureif glitzern. Und Schlittschuhlaufen.
Nun halten die Winter nicht immer, was man von ihnen erwartet. Doch zum Glück gibt es Kunsteisbahnen, die zumindest das Vergnügen des Schlittschuhlaufens sichern. In Würzburg ist es die Eisbahn am Nigglweg, die von Oktober bis Anfang März fürs Runden- und Pirouettendrehen geöffnet hat. Familien mit Kindern, Jugendliche und Erwachsene haben hier ihren Spaß. Eigene Schlittschuhe braucht es nicht. Für eine geringe Gebühr können die an der Bahn geliehen werden, sofern man keine High-End-Ausstattung erwartet. Wer mehr als geradeaus laufen lernen möchte, kann sich bei einem Eislaufkurs anmelden. Bei ausreichender Nachfrage werden sie auch für Erwachsene angeboten. Vielleicht wäre das was, um sich mit Freunden zusammenzutun und an Kindheitsträume vom Leben als Eisprinzessin oder Eishockeykapitän anzuknüpfen? Ein besonderes Vergnügen für alle und daher immer gut besucht ist die Eisdisco, die einmal im Monat an einem Freitag stattfindet.
Wer echte Eisprinzessinnen und Eisbären bewundern möchte, hat dazu ebenfalls Gelegenheit, denn die Eisbahn wird von zwei Vereinen genutzt: dem Würzburger Eishockeyclub, den sogenannten Eisbären, und dem Würzburger Roll- und Eiskunstlaufverein. Während des Trainings und bei Wettkämpfen kann die Bahn nicht oder nur eingeschränkt öffentlich genutzt werden; die jeweiligen Zeiten sind auf der Website der Eisbahn vermerkt. Dafür eröffnet sich bei den Wettkämpfen die Chance des Zuschaugenusses. Während beim Eiskunstlauf Akrobatik und Eleganz faszinieren, sind es beim Eishockey Schnelligkeit und Geschick, die staunen lassen. Eishockeyspiele versprechen zudem Action pur. Dieses Erlebnis lohnt sich auch dann, wenn man von den Regeln wenig versteht. Aber aufpassen: In dem Fall natürlich für die richtige Mannschaft jubeln, die Eisbären.

Eisbahn am Nigglweg, Nigglweg (neben dem Erlebnisbad Nautiland), 97082 Würzburg, Tel. (09 31) 36 26 31
www.wvv.de/de/privatkunden/baeder/unser-angebot/eisbahn
ÖPNV: Straßenbahnlinien 2, 4, Haltestelle Neunerplatz

Weil das Leben weitergeht

21 *Das Dokumentationszentrum im Grafeneckart*

Wenn man durch Würzburg geht, lassen allenfalls die vielen Bauten der 1950er- und 1960er-Jahre ahnen, dass von der Stadt im Frühjahr 1945 nicht mehr viel übrig war. Ansonsten ist von der verheerenden Zerstörung Ende des Zweiten Weltkriegs heute wenig zu sehen. Die barocke Residenz sieht aus wie aus dem Ei gepellt, der romanische Dom reckt erhaben seine Türme in die Luft, als habe er nie etwas anderes gemacht. Der Geschlechterturm am Alten Rathaus, der Grafeneckart, wirkt wie ein steinerner Zeitzeuge, der dem Lauf der Geschichte vom Mittelalter bis jetzt unbeschadet getrotzt hat.

Erst beim genaueren Hinschauen werden die Narben sichtbar, die der Bombenangriff der Royal Air Force am Abend des 16. März 1945 hinterlassen hat. Die historische Altstadt war fast komplett zerstört, ebenso ein Großteil der Randbezirke. Der Feuerschein der brennenden Stadt war bis weit ins Umland zu sehen. Fünftausend Menschen verloren bei der Bombardierung ihr Leben, unzählige waren danach ohne Bleibe.

Doch der Zerstörung und dem Horror zum Trotz haben die Menschen in Würzburg den Mut nicht verloren und alle Kraft in den Wiederaufbau ihrer Stadt gesteckt. Ihnen ist es zu verdanken, dass die „Perle am Main" aus den Trümmern auferstanden und heute so lebendig und attraktiv ist wie zuvor. Um einen kleinen Eindruck davon zu bekommen, welcher Lebenswille und welche Energie dahintersteckten, hilft der Gedenk- und Dokumentationsraum im Grafeneckart nahe der Alten Mainbrücke. 2011 wurde der Raum im Erdgeschoss renoviert und neu gestaltet. Er steht rund um die Uhr offen. Ein eindrucksvolles Modell stellt die zerstörte Innenstadt dar. Info- und Schautafeln erzählen die Geschichte vom Beginn des Nationalsozialismus in Würzburg bis zu den heutigen Versöhnungsbemühungen mit der Nagelkreuzbewegung, die von der englischen Stadt Coventry ausging. Coventry wurde von deutschen Bombern 1940 zerstört. Selten wird das Glück, seit 1945 im Frieden leben zu dürfen, so intensiv spürbar wie an diesem Gedenkort.

Gedenkraum, Beim Grafeneckart, 97070 Würzburg

ÖPNV: Straßenbahnlinien 1, 3, 4, 5, Haltestelle Rathaus

Jedes Jahr am 16. März um 21:20 Uhr läuten alle Glocken Würzburgs, um der Zerstörung der Stadt zu gedenken.

Das Ende der Zettelwirtschaft

22 *Historische Litfaßsäulen in der Innenstadt*

Wollte man früher wissen, wo was los war in der Stadt, führte der Gang zur nächsten Litfaßsäule. Die gut zwei Meter fünfzig hohen Zylinder fanden sich an fast jeder größeren Straßenecke. Überklebt mit bunten Zetteln und Plakaten, boten sie ein aktuelles Kaleidoskop der kulturellen, sozialen und politischen Vielfalt der Region.
Heute, im Zeitalter der digitalen Kommunikation, gelten Litfaßsäulen als Dinosaurier unter den Werbeträgern, doch ausgestorben sind sie noch lange nicht. Die Anschläge dort sind vergleichsweise günstig. Das Medium nutzen daher gerne Wanderzirkusse, Kleinkunstbühnen oder lokale Kulturveranstalter. Außerdem: Eine alte Litfaßsäule mit ihrem stabilen Sockel, der breitkrempigen verzierten Haube und den wettergegerbten Plakaten ist doch ein ganz anderes Kaliber als die knallbunten Leuchtreklamen an den Einfallstraßen und Bushäuschen. Sie will nicht nebenbei wahrgenommen werden, sondern verlangt von ihren Betrachtern, stehen zu bleiben und sich Zeit zu nehmen.
Ein paar dieser Werbeschätzchen, die zur Muße verleiten, sind auch in Würzburg noch im Einsatz. Eine Säule steht beispielsweise vor dem Eingang des alten Landesgartenschaugeländes, eine andere findet sich am Zeller Tor, eine weitere an der Ecke Sanderring/Münzstraße. So ähnlich sahen wohl die ersten Prototypen aus, die 1855 in Berlin aufgestellt wurden. Erfunden hat sie der Buchdrucker Ernst Litfaß, der sich damit ein Monopol und in der Folge großen Reichtum sicherte. Aushänge und Ankündigungen durften nur noch – gegen Entgelt, versteht sich – an Herrn Litfaß' Säulen angebracht werden. Das sollte dem in der Hauptstadt grassierenden Zettelwildwuchs ein Ende machen. Gleichzeitig versprach sich die Obrigkeit damit eine Kontrolle über das, was an Meinung öffentlich verbreitet wurde. Kein Wunder also, dass die Säulen in der Anfangszeit auch kritisch gesehen wurden. Als analoges Kommunikationswerkzeug haben sie sich dann doch durchgesetzt. Und funktionieren bis heute.

Litfaßsäulen, an verschiedenen Orten in der Stadt, etwa Zeller Tor, Sanderring Ecke Münzstraße, Luitpoldstraße Ecke Dreikronenstraße

RS IN TO
WWW.ARGO-KONZERTE
DIE JUBILÄUMS
CLASS
IAN GILLAN
KEVIN CRONIN
MIKE RENO
15. MÄR '19 WÜRZBURG
S.OLIVER ARENA
natra
ENDRICH
13. OKT '18 WÜRZBURG
CONGRESS ZENTRUM
DAS BESTE VON
FANTASY
DIE GROSSE JUBILÄUMSTOURNEE
29. NOV '18 WÜRZBURG CONGRESS CENTRUM
MAINFRANKEN THEATER
KING OF POP!
AT IT!
27. FEB '19 WÜRZBURG CONGRESS CENTRUM
CONGRESS CENTRUM

Waldzauber an Wohngebiet

23 *Das Sieboldswäldchen*

So winzig, wie der Name „Sieboldswäldchen“ vermuten lässt, ist der Parkwald zwischen den Stadtteilen Hubland und Keesburg heute nicht mehr. Im Gründungsjahr 1876 waren es jedoch gerade einmal um die 120 Laubbäume, die auf der Sieboldshöhe gepflanzt wurden. Das damals etwas baumarme Würzburg sollte nach dem Willen seiner Bürger verschönert und damit attraktiver für die Freizeitgestaltung werden. Denn den Menschen stand, dem Zeitgeist entsprechend, der Sinn nach mehr Freiheit und Naturgenuss.

Etwas Niedliches haftet dem Wäldchen aber immer noch an. Zwar erstreckt es sich inzwischen über knapp acht Hektar, was elf Fußballfeldern entspricht. Und es wird weiterhin gehegt, gepflegt, bepflanzt und umgestaltet. Doch wer alle Wege einmal abgeht, kommt in der Summe gerade auf eine Strecke von 1,8 Kilometern. Auf denen lässt sich allerdings bestens entspannen und auch mit Kindern viel entdecken. Oder mit ihnen auf dem Spielplatz toben.

Ein Teil des Mischwäldchens ist geprägt durch Lichtungen, auf denen sich einzelne Bäume wie Solitäre präsentieren – ideal für ein Picknick im Grünen an einem lauen Sommerabend. Die dicht belaubten Waldwege daneben bieten selbst an heißen Tagen kühlenden Schutz. Hier wachsen Bergahorn und Rotbuchen, Stieleichen und Eschen, Robinien und Kastanien, dazu ein paar Schwarzkiefern. Die mächtigsten Bäume stammen noch aus den Anfangszeiten des Wäldchens, haben also inzwischen über hundertvierzig Jahre auf dem Buckel. Ihnen zu Füßen machen sich inzwischen ihre Ururenkel breit. Neugierige Waldbesucher und wissbegierige Kinder können mithilfe der Infotafeln am Weg zwischen Adamibad und Wasserturm die „Stockwerke des Waldes“ entdecken: die unterschiedlichen Vegetationsschichten und Lebensräume vom Boden bis zu den Baumwipfeln. Denn auch wenn das Sieboldswäldchen klein ist, ist es doch ein perfekter Wald mit allem, was dazugehört. Fast mitten in der Stadt kann man sich hier von der Natur verzaubern lassen.

Sieboldswäldchen, 97074 Würzburg
ÖPNV: Buslinie 6, Haltestelle Sanderrothstraße

Das braune Gold der Azteken

24 *Die Chocolaterie Baci di Carina in Grombühl*

Kaum ist die Türe einen Spaltbreit geöffnet, schwebt den Besuchern schon der bittersüße Geruch von Kakao und Schokolade entgegen, gemischt mit weiteren verführerischen Aromen – denen von Vanille, Nüssen und Krokant, von Kaffee und Wacholder, von Zimt und Kardamom und so manch anderem zarten Duft, den die ungeübte Nase auf die Schnelle gar nicht definieren kann. Aber das Signal, das sie an das Gehirn weitergibt, ist eindeutig: unbedingt eintreten, um die sich vielversprechend ankündigenden Genüsse zu entdecken!

Seit 2002 gibt es die Chocolaterie „Baci di Carina" in Grombühl, dem ehemaligen Eisenbahnerviertel von Würzburg. Schickimicki sucht und findet man woanders. In dieser Gegend zwischen Gleisen und Uniklinik geht es noch immer eher hemdsärmelig zu, auch wenn sie sich derzeit zum Szeneviertel mausert. Deshalb entdeckt man den kleinen Laden kaum zufällig beim Bummeln, sondern muss sich schon gezielt auf den Weg machen. Aber der lohnt sich.

Die Inhaberin Karin Luckert-Fries ist ausgebildete Schokoladen-Sommeliere. Sie kennt sich also bestens aus, wenn es um die verschiedenen Kakaosorten und ihre Anbaugebiete geht, um die Herstellung und die Qualität von Schokoladen oder darum, wie sich Schokolade mit anderen Zutaten kombinieren lässt. In den liebevoll gestalteten Auslagen ihrer Chocolaterie finden sich edle Tafelschokoladen aus aller Herren Länder, Trinkschokoladen, Schokoladencremes und Pralinen, teils selbst kreiert, dazu Kaffee, Tee und Gewürze.

Ein Fest für die Sinne stellen zudem die Schokoladenverkostungen dar, die die Sommeliere zu verschiedenen Themenschwerpunkten in ihrem Laden anbietet und die verblüffende Gaumengenüsse garantieren. Wer hätte gedacht, dass Gin und Schokolade wunderbar harmonieren? Oder wie perfekt sich eine herbe Mousse au Chocolat in einer ausgehöhlten Erdbeere macht? Auf jeden Fall einen Versuch wert: Käse und Schokolade – einfach zum Dahinschmelzen.

Baci di Carina, Brücknerstraße 6, 97080 Würzburg, Tel. (09 31) 28 20 69
www.bacidicarina.de
ÖPNV: Straßenbahnlinien 1, 5, Haltestelle Brücknerstraße

Tester

Der Wahrheit näherkommen

25 *Die Treppe zur Neuen Universität*

Wer als Treffpunkt in Würzburg „Neue Universität“ angibt, muss sich nicht wundern, wenn Ortsunkundige statt an den Sanderring zum Hubland kommen. Dort oben stehen die wirklich neuen Gebäude der Julius-Maximilians-Universität. Die Neue Universität hingegen, in der südlichen Altstadt gelegen, sieht alt aus – und ist es auch. Eingeweiht wurde der neobarocke Bau im Herbst 1898, und schon damals gab es die beeindruckende pyramidenförmige Treppe, die zu den drei Eingangstoren hinaufführt.

Treppen haben etwas Faszinierendes. In der Architektur waren sie schon immer ein wichtiges Gestaltungselement, vor allem im öffentlichen Raum. Sie zeigen ganz klar, wo oben und wo unten ist beziehungsweise, wer oben und wer unten steht. Auch als Metaphern müssen Treppen deshalb herhalten. Sie werden als Symbol für das Auf und Ab im Leben genommen, für Höhen und Tiefen, die es zu bewältigen gilt, für den Fortschritt der Menschheit allgemein genauso wie für den Aufstieg des Einzelnen, der Stufe für Stufe zum Zenit des Erfolgs oder der Macht erklimmt. Daneben haben Treppen aber eine ganz praktische Funktion (neben der grundlegenden, ein Gebäude zu erschließen): Sie sind einladender Sitzplatz.

Das gilt genauso für den Aufstieg zur Neuen Universität. Die breiten Stufen sind ebenso Aussichtsplattform wie Rückzugsort. Hier ist man mitten im Geschehen unter all den Studierenden, die mit ihren Rucksäcken, Jutebeuteln und Aktentaschen vorbeieilen auf dem Weg in die Hörsäle und Seminarräume oder von dort in Grüppchen zurückschlendern – und gleichzeitig ganz bei sich. Niemand stört, keiner macht einem den Platz streitig. Gegenüber lockt der Ringpark. Hoch über den Köpfen hält Prometheus, der Lehrmeister der Menschen, die Fackel des geistigen Fortschritts in die Höhe. Darunter steht in lateinischer Inschrift das Motto der Universität Würzburg: „Veritati“, der Wahrheit verpflichtet. Genau der richtige Ort also zum Schauen, Nachdenken und Sinnieren.

Neue Universität (Sanderuni), Sanderring 2, 97070 Würzburg
ÖPNV: Buslinien 7, 51, 472 und weitere, Haltestelle Neue Universität

VERITATI
UNI
WÜ
PARK
SCHEIN
AUTOMAT

Tausend bunte Griffe

26 *Die Boulderhalle im DAV-Kletterzentrum*

Bunt, rund, wild und untendrunter weich ausgepolstert – so präsentiert sich die Boulderhalle im Kletterzentrum des Deutschen Alpenvereins. Bei diesem Anblick juckt es von selbst in den Fingern und Beinen und alles in einem ruft: Ausprobieren! Losklettern!

Bouldern ist eine Variante des Sportkletterns, bei der es nicht hoch hinausgeht, sondern immer auf Absprunghöhe bleibt. Die dicke Bodenmatte fängt sicher auf. Deshalb braucht es zum Bouldern keinen Klettergurt und kein Seil. T-Shirt, Sporthose und Turnschuhe reichen für den Anfang – wobei auch Neulinge davon profitieren, wenn sie Kletterschuhe verwenden. Die bieten den Füßen auf den schmalen Tritten besseren Halt. Aber solche Schuhe muss man sich ja nicht gleich kaufen, die gibt es in der Halle zu leihen.

Bouldern ist Bewegungserlebnis mit Abenteuerfaktor für die ganze Familie. Auf den 330 Quadratmetern der Würzburger Halle tummeln sich deshalb alle Altersklassen, Anfänger wie Fortgeschrittene. Wer nicht allein den ersten Schritt wagen mag, kann sich auf der Homepage des Kletterzentrums über mögliche Kurse informieren. Aber auch ein Ausprobieren auf eigene Faust ist möglich. Die verschiedenfarbigen Griffe zeigen mögliche Kletterrouten an. Die Schwierigkeit der Route erkennt man an den farbigen „Startzetteln". Doch kein Problem, wenn man sich nicht an diese Vorgaben hält und lieber den Griff nimmt, der am besten erreichbar ist. Jeder nächste Schritt, jeder nächste Griff ist ein Erfolg. Die einzige Regel, die wirklich für alle gilt: aufeinander Rücksicht nehmen. Ansonsten kann sich jeder seine Ziele so stecken, dass sie mit etwas Anstrengung, Üben und Durchhaltevermögen erreichbar sind. Bei jedem Bouldern sind deshalb kleine Erfolgserlebnisse garantiert. Am Ende macht sich zudem ein befriedigendes Gefühl der Schwere im Körper breit, das spätestens am nächsten Tag einem Muskelkater weicht. Doch der fällt nach der nächsten Bouldereinheit schon geringer aus, versprochen.

TIPP Würzburg hat noch eine weitere Boulderhalle, „Rock Inn" in Lengfeld.

DAV Kletterzentrum Würzburg, Weißenburgstraße 55, 97082 Würzburg, Tel. (09 31) 78 01 25 10
www.kletterzentrum-wuerzburg.de

ÖPNV: Buslinien 7, 48, 521, 522, Haltestelle Vogel-Verlag, 3 Minuten Fußweg; Straßenbahnlinien 2, 4, Haltestelle DJK-Sportzentrum, 6 Minuten Fußweg

27 *Das Nähcafé Edeltraud*

Unseren Omas und Uromas war die Nähstube noch ein Begriff – ein Raum, in dem man gemeinsam nähen und flicken konnte und Zeit für Klatsch und Tratsch hatte. Später wurden Handarbeiten als spießig abgetan. Das hat sich wieder geändert. Selbermachen ist in, und jede Großstadt, die etwas auf sich hält, hat auch ein Nähcafé: Berlin, Paris, New York, Wien. Und selbstverständlich Würzburg. Für die Wiederentdeckung von Nadel, Faden und Stoff ist hier die „Edeltraud" zuständig, ein schnuckeliges Café in der Innenstadt.
Nahtlos gehen in dem Laden Nähwerkstatt und Caféstube ineinander über. Im vorderen Bereich finden sich Näh- und Zuschneidetische samt Näh-, Overlock- und Industriemaschinen. Die Regale sind voll von feinen Stoffen, bunten Knöpfen, Gummilitzen, Pailletten und was es sonst zum Nähen braucht. Hier finden dienstags, donnerstags und samstags die Nähkurse statt. Teilnehmen kann jeder: Neulinge mit Lust am Ausprobieren, fortgeschrittene Nähenthusiasten, die ihr Können verfeinern wollen, oder Profis, die in geselliger Runde designen möchten. Wer den eigenen Nähkünsten gar nicht vertraut, kann mit Änderungs- und Konfektionswünschen einfach auf die Café-Inhaberinnen Sarah Mittermeier und Julia Schwedes zukommen. Die beiden sind ausgebildete Damenmaßschneiderinnen, Nähaufträge sind bei ihnen in besten Händen. Doch was wäre eine Nähstube ohne geselligen Treff? Im Edeltraud stehen dafür direkt neben dem Werkstattbereich Resopal- und andere Vintagetische, umringt von einem Potpourri aus hölzernen und weiß lackierten Stühlen. Dazu kommen eine gemütliche Sofaecke und der mit Mosaikfliesen verzierte Tresen unter Quastenlampen – eine einladende Mischung aus Retro und klaren Linien, in der man sich auch ohne Nähambitionen pudelwohl fühlt. Zumal Kaffee, Kuchen und kleine Speisen vom Feinsten sind. Normalerweise ist bei Edeltraud um 20 Uhr Schluss. Doch an manchen Abenden bleibt sie länger wach, um mit ihren Gästen – nähfrei – bei Plattenvernissagen und Konzerten zu feiern.

Nähcafé Edeltraud, Grabengasse 11, 97070 Würzburg, Tel. (09 31) 71 05 37 10
www.cafe-edeltraud.de
ÖPNV: Straßenbahnlinien 1, 2, 3, 4, 5, Haltestelle Juliuspromenade, 5 Minuten Fußweg

Bernina Zubehör
Pailletten-applikation
Lineale
Vorhangband
besondere Borten
Verschlüsse
Gummis
Schrägband etc.
Garn weiß
D-Ringe Karabiner
verschiedene Nadeln
Garn bunt
Garn bunt
Woody
Knöpfe

Himmelsgucker

28 *Kunst auf dem Kiliansplatz*

Zwischen den Dom und das Museum am Dom drängt sich ein schmaler, zugiger Durchgang. Den muss jeder passieren, um zur Hofstraße zu gelangen, die schnurstracks zur Residenz führt – dem Ziel wohl aller Würzburgtouristen. Doch für die etwa 600 Meter bis dahin lohnt es sich, etwas Zeit einzuplanen. Denn direkt neben dem Dom liegt der Kiliansplatz, und der hält auf. Hier gibt es jede Menge Kunst zu entdecken: Skulpturen über Skulpturen, rostige, steinerne, bronzene, aus Beton gegossene oder aus Marmor geschlagene.
Eine der eindrücklichsten ist der „Große Sitzende", an dem niemand vorbeikommt. Der Bronzemann sitzt seit dem Jahr 2004 auf den Stufen zwischen Dom und Neumünster, den Oberkörper etwas zurückgelehnt, den Blick auf die Spitzen der Domtürme und weit darüber hinaus gerichtet. Warum er gefesselt scheint? Das Geheimnis gibt er nicht preis. Aber er hat nichts dagegen, wenn sich jemand neben ihn setzt und zusammen mit ihm in den Himmel schaut. Mag es noch so quirlig sein auf dem Kiliansplatz, in solchen Momenten der Zweisamkeit kehrt Ruhe ein. Die Welt rundum taucht wie in Watte, und die Gedanken können fliegen. Nur das Sitzen auf dem harten Untergrund wird nach ein paar Minuten unbequem und bringt einen zurück in den Alltag. Was nicht schlimm ist, schließlich gibt es in direkter Nachbarschaft zu der Bronzefigur von Maria Lehnen noch mehr zu entdecken. Etwa die „Kopffüßler" von Horst Antes. Entschlossen stehen die drei rostigen Gestalten in den Boden geschraubt, als wollten sie die Welt vor sich hertreiben und können doch nichts ausrichten. „Empfänger" heißt ein geschwungenes, nach oben ragendes Monument, gegossen aus Beton, ummantelt von Kupfer. Diese Skulptur wirkt tatsächlich so, als würde sie alles, was von oben einströmt, aufnehmen und nach unten ableiten – und strahlt damit ein ungemein beruhigendes Gefühl aus. Hier lässt es sich gut aushalten. Soll die Residenz doch noch ein bisschen warten.
Übrigens: Der Kiliansplatz war früher ein Friedhof. Hier wurde Tilmann Riemenschneider beigesetzt.

Kiliansplatz, 97070 Würzburg
ÖPNV: Straßenbahnlinien 1, 3, 4, 5, Haltestelle Dom

Ein Ort der Minne

29 *Das Lusamgärtlein hinter dem Neumünster*

Bei Liebeskummer, heißt es, solle man auf dem Gedenkstein Walthers von der Vogelweide Blumen ablegen. Ob das der Grund ist, warum sich auf dem schmucklosen Steinquader inmitten des Lusamgärtleins immer ein paar Blüten finden? Vielleicht sind sie auch als Ehrerbietung für den bedeutendsten deutschsprachigen Dichter des Mittelalters gedacht.
Bis heute wird Walther von der Vogelweide, der um 1170 in Österreich zur Welt kam, für seine Liebesgedichte verehrt. Aber er schrieb nicht nur über die mittelalterliche Minne. Er machte sich zudem Gedanken über Moral und Religion und gilt als der Schöpfer der deutschen politischen Lyrik. Sein Geld verdiente er sich als Berufssänger mit wechselnden Engagements. Um das Jahr 1220 erhielt er von Kaiser Friedrich II. als Alterswohnsitz ein Lehen, das sich vermutlich bei Würzburg befand. Das wäre eine Erklärung, warum Walther seine letzten Jahre hier verbracht haben könnte und nach seinem Tod um 1230 seine letzte Ruhestätte fand. Auch wenn das historisch nicht gesichert ist: Der Dichter hätte sich für sein Grab kaum einen schöneren Ort aussuchen können als den Kreuzgang des Würzburger Neumünsters. Der früher Grashof und heute Lusamgärtlein genannte Mittelbereich diente bis über das Mittelalter hinaus als Friedhof für das zu der Kirche gehörende Stift.
Das Lusamgärtlein ist gar nicht so einfach zu finden. Die kleine Oase der Ruhe verbirgt sich hinter dem Neumünster und tut sich erst auf, wenn man das davorliegende Rundbogentor komplett durchquert hat. Dann fällt der Blick rechter Hand auf die efeuberankten Kreuzgangarkaden aus rotem Sandstein, hinter denen sich der Gedenkstein befindet. Auf dem liegen nicht nur Blumen, sondern auch Körner. In seinem Testament soll Walther bestimmt haben, dass auf seinem Grab stets Wasser und Futter für die Vögel vorzuhalten seien; deshalb die vier Mulden in dem Stein. Seinen Namen „von der Vogelweide“, der eigentlich eine Herkunftsbezeichnung ist, hat Walther so posthum zum Programm gemacht.

TIPP Von dem Würzburger Max Dauthendey stammt der Gedichtband „Lusamgärtlein“ von 1909 zum Andenken an Walther.

- **Lusamgärtlein, Martinstraße (hinter dem Neumünster), 97070 Würzburg**
- **ÖPNV: Straßenbahnlinien 1, 3, 4, 5, Haltestelle Dom, 3 Minuten Fußweg**

Volksvergnügen, stadtnah

30 *Der Ringpark*

Was der schönste Ort im Ringpark ist? Schwer zu sagen, jeder wird hier ein anderes Eckchen benennen. Das Wunderbarste ist wohl, dass es dieses Stück Natur mitten in der Stadt überhaupt gibt. Halbkreisförmig schmiegt es sich von der Friedensbrücke bis zur Löwenbrücke um die Altstadt und führt dabei direkt am Hauptbahnhof und der Residenz vorbei. Kaum zu glauben, dass hier bis 1800 noch alles kahl war. Erst dann begann man, auf der ehemaligen barocken Befestigungsanlage erste Bäume zu pflanzen und ab 1880 einen Volkspark anzulegen. Von der Befestigungsanlage ist nichts mehr zu erahnen. Nur der Name „Pleicherglacis", den der Park auch trägt, weist auf die Vergangenheit hin. Glacis bezeichnet in der Militärsprache eine Erdanschüttung vor den Hindernisgräben einer Festung.

Heute ist der Park eine friedliche Oase, von der Mensch, Stadt und Natur profitieren. Mehr als 4000 Bäume aus über 200 Arten sind hier zu Hause, vor allem heimische, daneben ein paar exotische. Die ältesten stammen noch aus der Entstehungszeit des Parks. Diese Artenvielfalt zieht Vögel und Insekten an, und auch etliche Fledermausarten haben im Ringpark ihr Quartier oder ihr Jagdrevier. Als grüne Lunge der Stadt sorgt der Ringpark zudem für gute Luft und angenehmes Klima selbst bei Sommerhitze.

TIPP

Zum Austoben im Ringpark laden zehn Spielplätze, ein Bouleplatz und eine Bocciabahn ein.

Ein Wegenetz von 18 Kilometern lädt zum Spazieren und Joggen ein – und zwischendurch immer wieder zum Haltmachen. Besinnliche Plätzchen finden sich beispielsweise an der Pleicherglacisfontäne, die aus einem Löschwasserteich des Zweiten Weltkriegs entstand. Der Ruschkewitzbrunnen mit den spielenden Putten liegt mitten auf einer lauschigen Wiese. Ein wildromantisches Bild bietet der Lindahlbrunnen, der sich in einer Baumgruppe verbirgt und aus einem Felsen zu entspringen scheint. Im Wassergarten sprudeln gleich elf Fontänen. Das 2016 renovierte Klein-Nizza spiegelt die Sehnsucht der Bürger um 1900 nach Sommerfrische und südlicher Blumenriviera wider. Hier lässt es sich stundenlang aushalten.

Ringpark, rund um die Altstadt von Löwenbrücke bis Friedensbrücke, 97070 Würzburg

ÖPNV: Straßenbahnlinie 5, Haltestelle Löwenbrücke und viele weitere Bus- und Straßenbahnhaltestellen

Verwunschen & verwegen

31 *Die Annaschlucht im Steinbachtal*

Wer bei „Stadtwald“ an kultivierte Spazierwege in allenfalls hügeligem Gelände denkt, wird in der Annaschlucht im Steinbachtal eines Besseren belehrt. Die macht, obwohl im Würzburger Stadtwald gelegen, ihrem wilden Namen alle Ehre. Direkt an der Lukaskirche geht es hinauf und ab da immer weiter bergan über Treppen, schmale Pfade und kleine Brücken. Nur gut einen halben Kilometer ist der Weg lang, aber auf dem sind 150 Höhenmeter zu überwinden. Wer die in einem durchmarschiert, wird oben gut schnaufen. Aber hier treibt niemand zur Eile an. Eher umgekehrt: An jeder Kehre möchte man stehen bleiben oder auf einer der Holzbänke Platz nehmen, um zu genießen. Fast scheint die Zeit stehen geblieben, denn alles auf und neben dem Weg ist von Moos überzogen: die in die Luft ragenden Wurzeln der bis zu 200 Jahre alten Bäume; die gehauenen grauen Steinstufen; die Masten der Laternen, die abends dem Weg ein schummeriges Licht spenden. Und auch das Geländer, das in großen Teilen den Anstieg säumt. Im Frühjahr ist der Boden von blühenden Kräutern bedeckt. Rund ums Jahr ist die Luft kühl und frisch, von der nahen Stadt nichts zu ahnen. Nur die teils imposanten Gartenhäuschen, zu denen rechts und links Treppenpfade abzweigen, zeigen, dass die Zivilisation nicht weit entfernt ist.

Früher war dies eine zugewachsene Wildschlucht. Vor rund 120 Jahren hat sie der Verschönerungsverein Würzburg begehbar gemacht. Benannt wurde sie nach der jung verstorbenen Tochter des damaligen Vereinsvorsitzenden, Anna Fischer. An sie erinnert eine efeuüberwucherte Gedenktafel im unteren Bereich des Weges, gleich neben einem Brunnen mit einer Buddhafigur.

Wegen ihrer ökologischen und geologischen Besonderheiten und ihrer artenreichen Tier- und Pflanzenwelt wurde die Annaschlucht schon 1941 als Naturdenkmal ausgewiesen. Ein Tipp für Frühaufsteher: Besonders schön ist der Anstieg am Morgen, wenn die Sonnenstrahlen schräg einfallen und in der verwilderten Schlucht eine verwunschene Stimmung zaubern.

Annaschlucht, Einstieg an der Lukaskirche, Steinbachtal 64 c, 97082 Würzburg

ÖPNV: Buslinie 8, Haltestelle Annaschlucht

Frisches aus der Region

32 *Der Bauernmarkt auf dem Bürgerbräugelände*

Beim Gang über den Würzburger Bauernmarkt läuft einem das Wasser im Munde zusammen. Hier gibt es frisches Obst und Gemüse, Käse und Wurstwaren, Fleisch und Fisch, Brot, Kuchen und Törtchen, Streuobstsaft und Hochprozentiges, Sirup, Honig und Marmelade und noch vieles mehr. Alles kommt aus der Region, vieles in Bioqualität. Ein wahres Schlaraffenland tut sich hier auf für alle, die gerne wissen, woher ihr Essen kommt, die auf Qualität und Genuss achten und heimische Erzeuger unterstützen wollen. Die Preise sind in der Regel so moderat, dass sich auch Normalverdiener versorgen können.

Sind die Einkaufsbeutel mit dem notwendigen Grundbedarf für die kommende Woche gedeckt, können die Augen noch ein bisschen weiterspazieren über das verführerische Angebot, das sich hier präsentiert. Vielleicht bleibt Zeit, einen der Säfte der Main-Schmecker-Genossenschaft zu probieren? Das lohnt sich. Die Äpfel stammen von heimischen Streuobstwiesen, teils werden sie sortenrein gepresst. So hat jeder Saft sein eigenes Aroma, der Brettacher Gewürzapfel schmeckt anders als der Winterrambour, die Landsberger Renette anders als die Goldparmäne – und alle sind kulinarisch meilenweit entfernt vom Saft aus dem Tetrapak. Immer eine kleine Sünde wert sind die schokoladigen Kreationen der Konditorei Goldtröpfchen aus dem nahen Uettingen, die es nur hier oder auf Bestellung gibt. Wer noch nie Straußenfleisch und -eier probiert hat: An manchen Markttagen bestücken die „Straußenhalter" einen Stand. Abhängig von der Saison bereichern zudem Blumensträuße und Kränze das Angebot.

Geöffnet hat der Bauernmarkt jeden ersten Samstag im Monat von 8 bis 12:30 Uhr im ehemaligen Fasslager des denkmalgeschützten Bürgerbräugeländes in der Zellerau. Wer wissen will, woher die Marktbeschicker kommen, findet das auf der Website des Bauernmarktes. Hier stehen außerdem alle Marktzeiten und die Termine, zu denen der Messerschleifer kommt.

Würzburger Bauernmarkt, Frankfurter Straße 67 (Bürgerbräugelände), 97082 Würzburg
www.wuerzburger-bauernmarkt.de
ÖPNV: Straßenbahnlinien 2, 4, Haltestelle Sieboldmuseum, 1 Minute Fußweg

gemeinsames Ziel:
Streuobst als Teil der mainfränkischen Kulturlandschaft erhalten!
Am Main entlang - regionale Produkte für Genießer!
Unser Angebot - Ihr Nutzen
Beratung, Ausbildung, Vermarktung, Dienstleistung, Bewirtschaftung von Streuobstflächen, u.v.m.
Begeisterte Helfer: Bei allen Aktivitäten werden Menschen mit Behinderung eingebunden.
treuobstsaft 3 l
it Wildfrüchten
der Quitte
andgelesen € 12,50
Bioland
Main Schmecker
sortenreiner
BIO-APFELSAFT
Geheimrat Dr. Oldenburg
naturtrüber
BIO-APFELSAFT
aus Streuobst
Walnüsse aus Margetshöchheim
2,50 €
Streuobst
Apfelsecco
0,75 € 6,50
APFEL-SECCO STREUOBST

Alles außer Mainstream

33 *Das Programmkino Central*

Für alle, die Kino lieben und nicht immer die gleichen Hollywood-Blockbuster anschauen wollen, ist das Programmkino Central im Bürgerbräu die richtige Adresse. Hier kann man sich jeden Tag in der Woche cineastischem Genuss hingeben und darf sich dabei nicht nur auf gute Filme freuen, sondern genauso auf höchst gemütliche Sitze in einem ganz besonderen Ambiente: Die drei Kinosäle befinden sich in den Kellergewölben der ehemaligen Flaschenfüllerei auf dem historischen Bürgerbräu-Gelände in der Zellerau. Ende des 19. Jahrhunderts wurden die Gewölbe in den Berg gegraben, um das Bier bei gleichmäßig kühlen Temperaturen lagern zu können. Heute sind sie perfekt ausgebaute Bühnen für ein abwechslungsreiches Filmtheater.

Noch etwas ist besonders am Central: Getragen wird es durch eine Genossenschaft, in der jeder Mitglied werden und Anteile erwerben kann. Eine ungewöhnliche Finanzierungsform für ein Kino, die mit dazu beiträgt, dass hier ein ganz eigener, fröhlich-engagierter Geist herrscht. Das Central muss eben nicht maximalen Gewinn erwirtschaften, sondern zeigt künstlerisch wertvolle Filme aus allen Kulturen. Dazu zählen aktuelle Spielfilme, die ein breites Publikum ansprechen, genauso wie Arthouse- oder besondere Filme für kleinere Zielgruppen. Auch Kurzfilme, die in konventionellen Kinos kaum noch gezeigt werden, haben im Central ihren Platz im Vorprogramm zum Hauptfilm. So bekommt man zum Preis nur einer Eintrittskarte gleich doppeltes Filmerlebnis.

Wichtig ist den Machern des Central genauso das jüngste Publikum. Jeden zweiten Sonntag steht das MiKi auf dem Programm, das „Mitmachkino für Kinder". Hier dürfen die Kinder Karten verkaufen und abreißen, sich den Vorführraum anschauen und, wenn sie wollen, eine Einführung per Mikro geben. So ist im Central für alle und jeden Geschmack etwas dabei. Und wer Lust hat auf Popcorn: Klar gibt's das – ganz frisch, lecker duftend und in Behältnissen von normalem Format zu Preisen, die kein Riesenloch in den Geldbeutel reißen.

Central im Bürgerbräu, Frankfurter Str. 87, 97082 Würzburg, Tel. (09 31) 78 01 10 57
www.central-bb.de

ÖPNV: Straßenbahnlinien 2, 4, Haltestelle Sieboldmuseum, Buslinien 521, 522, Haltestelle Würzburg Bürgerbräu

Edle Treter

34 *Der Schuhmachermeister Thorsten Schmitt*

„Give a girl the right shoes, and she can conquer the world“, sagte Marilyn Monroe. Gib einem Mädchen die richtigen Schuhe, und es kann die Welt erobern. Mit den richtigen Schuhen an den Füßen wird jeder Auftritt zu einem Erlebnis. Allerdings kann man sich darüber streiten, was „richtig“ bedeutet. Durchschnittlich 17 Paar Schuhe soll jede Frau in Deutschland in ihrem Schrank stehen haben. Davon trägt sie nur zehn Paar regelmäßig. Sind das dann die richtigen? Oder haben wir so viele Schuhe, weil die richtigen noch nicht dabei waren? Die, die fantastisch aussehen, super bequem sind, sich immer wieder reparieren lassen und nie aus der Mode kommen?

Wer noch auf der Suche ist, wird im Laden von Thorsten Schmitt sicher fündig. Lauter Traumschuhe stehen hier, für Frauen wie Männer, aus edelstem Leder, unauffällig elegant oder mit einem gewagten Schuss Extravaganz. Sie sind rahmengenäht, zwiegenäht, durchgenäht, blakegenäht oder holzgenagelt und nur eines garantiert nicht: geklebt. Deshalb riecht es in dem Laden so gut nach Leder statt nach Lösungsmitteln.

Die Modelle, die er hier verkauft, bezieht Thorsten Schmitt von den renommiertesten Schuhmanufakturen europaweit. Nur selber stellt er seit mehr als 13 Jahren keine Schuhe mehr her, auch wenn seine Werkstatt noch so aussieht. Denn wer gibt heute schon zweitausend Euro und mehr für ein Paar Schuhe aus, selbst wenn die einzigartig sind und ein Leben lang halten? Dabei springt bei diesem Preis für den Schuster gerade einmal der gesetzliche Mindestlohn heraus. Davon leben und einen Laden halten geht nicht. So hat sich der Schuhmachermeister auf das Verkaufen, Beraten und Reparieren spezialisiert – und das mit Leidenschaft.

Wer sich im Laden nicht direkt für ein paar edle Treter entscheiden kann, wird sicherlich mit einem Accessoire glücklich. Vielleicht einem schönen Gürtel oder einer Tasche, einem Portemonnaie oder einem Uhrarmband. Auch damit lässt sich selbstbewusst die Welt erobern.

Thorsten Schmitt, Handwerk & Schuhe, Zeller Straße 19, 97082 Würzburg, Tel. (09 31) 41 11 71
www.handwerkundschuhe.de

ÖPNV: Straßenbahnlinien 2, 4, Buslinien 7, 9, 18, 51, Haltestelle Wörthstraße, 8 Minuten Fußweg

Hinterhofseligkeit

35 *Das Café „Wunschlos glücklich“*

Freunde treffen, die Zeit genießen, den Kindern Freilauf lassen, Livemusik hören , kleine Geschenke finden, sommers im Innenhof die Sonne ins Gesicht scheinen lassen, winters ins gemütliche Sofa versinken und die Finger an einer heißen Zitrone aufwärmen, abwechslungsreich frühstücken oder sich mit einer deftigen Kleinigkeit stärken. Das alles und noch viel mehr bietet das „Wunschlos glücklich“. Seit 2009 gibt es das gemütliche Kulturcafé in der Altstadt. Von Anfang an war der Name Programm – oder vielleicht besser: hat das Programm den Namen gemacht. Denn angetrieben hat die Inhaber der Wunsch, mit dem Café einen Ort zu schaffen, an dem Menschen glücklich sein können.
Im Innenbereich sorgt eine bunte Mischung aus Plüschsofas und -sesseln, alten Holztischen und Stühlen für urige Atmosphäre. Auch der Innenhof mit den Gartenmöbeln strahlt Vintagecharme aus. Hier lässt sich gut essen und trinken. Die Speisekarte hält dafür immer wieder saisonale Überraschungen bereit. Besonders empfehlenswert neben dem Frühstück: die hausgebackenen Kuchen, die belegten Stullen und die Suppen. Kinder zahlen übrigens nur die Hälfte für ihre Portionen. Das ist aber nur ein Grund, warum hier so viele Familien anzutreffen sind. Ein anderer: Tagsüber steht den Kindern die Bühne frei, auf der sie nach Lust und Laune spielen dürfen.
Abends gehört die Bühne dann den Musikerinnen und Musikern. Mehrmals in der Woche stehen kostenfreie Konzerte mit Newcomern ganz unterschiedlicher Stilrichtungen auf dem Programm. Monatlich gibt es zudem ein Jazzfrühstück, eine Jazz-Jam-Session und die „wunschlos jazzig“-Session, bei der jeder mitmachen, nur zuhören oder tanzen kann. Seit ein paar Jahren ist im „Wunschlos glücklich“ auch Glück zum Mitnehmen zu kaufen: selbst entworfene Tassen und Becher, eigens kreierte Müslimischungen und Marmeladen, feine Papiere, Karten und Pappschachteln. Mit solch einem Mitbringsel in der Tasche fällt es sicher leichter, den gemütlichen Ort wieder zu verlassen.

Café Wunschlos glücklich, Bronnbachergasse 22R, 97070 Würzburg, Tel. (09 31) 35 81 01 88
wunschlos-gluecklich.net

ÖPNV: Straßenbahnlinien 1, 2, 3, 4, 5, Haltestelle Juliuspromenade, 6 Minuten Fußweg, Straßenbahnlinien 2, 4, Haltestelle Ulmer Hof, 5 Minuten Fußweg

Da lacht der Gaumen

36 *Die Genießermanufactur in der Dürrbachau*

Es waren einmal eine Naturkostfachfrau und ein Einzelhandelskaufmann Lebensmittel. Die liebten die Natur und hervorragendes Essen – und entwickelten aus dieser Leidenschaft, gepaart mit Unternehmergeist und Kreativität, 2007 die Genießermanufactur. In dieser „Werkstatt für kulinarisches Biohandwerk“ entstehen immer neue Köstlichkeiten: Würz-, Curry- und Chilipasten, Soßen und Chutneys, Brotaufstriche und Fruchtbalsame. Alles in Bioqualität und fast alles vegan. So kann es jeder zum Kochen nutzen. Was man vergeblich sucht, sind Senfe, Pestos oder Honige. „Die kann schließlich jeder“, sagen die Genussmanufacteure Sabine Hennek und Thomas Luciow. Sie hingegen wollen das Besondere.
Die Zutaten zu ihren Kreationen stammen vor allem aus der Region. Darunter sind alte Obstsorten wie der Speierling oder die Kriechen-Pflaume. Mit ihren ganz unvergleichlichen Aromen sind sie echte Charakterköpfe in der Küche. Wer sie einmal geschmeckt hat, möchte mehr davon. „Arterhalt durch Aufessen“ nennt Thomas Luciow diesen Effekt. Die Gewürze wie Pfeffer, Ingwer oder Zitronengras kommen von ausgewählten Farmen aus Übersee per Linienflug – der umweltschonendste Weg, um nach Deutschland zu gelangen.
In der Genießermanufactur werden die Zutaten gemahlen, gehackt, geröstet, eingelegt, fermentiert, kandiert, geköchelt und gerührt. Heraus kommen Delikatessen wie der „Goldene Schatz“, eine Ingwer-Zitronengras-Paste. Oder Latwerge, dick eingekochte Fruchtmuse. Oder „Schwarze Nüsse – Fränkische Trüffel“, 2019 bei „Bayerns beste Bioprodukte“ mit Gold ausgezeichnet: unreife Walnüsse, denen durch einen natürlichen Prozess die Gerbstoffe entzogen und die dann kandiert werden, bis sie, schwarz und süßherb, wunderbar zu Käse und Wild passen. Wer in das Glück dieses Genusses kommen mag: An zwei Tagen in der Woche verkauft die Genießermanufactur direkt, sonst sind die Produkte auf ausgewählten Märkten wie dem Würzburger Bauernmarkt, in regionalen Naturkostläden und im Onlineshop zu finden.

Die Genießermanufactur, Rudolf-Clausius-Straße 4, 97080 Würzburg, Tel. (09 31) 9 91 15 19
www.die-geniessermanufactur.de
ÖPNV: Buslinien 13, 27, Haltestelle va-Q-tec (Endstation), 5 Minuten Fußweg

2016
12,50€
2018
10,80€
Die Genießermanufactur
Schwarze Nüsse
„Fränkische Trüffel"
BIO
2018
Ernte
2018
Schwarze
Nuß
rze Nüsse

Wo einst Barbarossa freite

37 *Am Standort der alten Kaiserpfalz*

Das Reich Kaiser Friedrichs I., genannt Barbarossa, war riesig. Es erstreckte sich von der Nordseeküste bis nach Sizilien. Um es regieren zu können, war Barbarossa ständig unterwegs. Seine Stützpunkte waren dabei die Kaiserpfalzen, von denen eine in Würzburg lag. Von dieser Kaiserpfalz ist heute zwar nichts mehr zu sehen. Wo sie sich befand, ist aber gewiss: an der Stelle der Deutschhauskirche und der Deutschordenskomturei. Die Kirche und die Kapelle der Komturei verbindet ein spitzbogiger, kopfsteingepflasterter Durchgang, in dem das Echo der Schritte hallt. Im Dunkeln verbreiten die alten Straßenlaternen ein warmes Licht, das sich auf dem Pflaster spiegelt und eine geheimnisvolle Atmosphäre zaubert. In solchen Momenten scheint die Geschichte dieses Ortes zum Greifen nah.

Zu Barbarossas Zeiten kam der Stadt Würzburg aufgrund ihrer Lage im Maintal eine besondere Position zu. Sie war Handels- und Verkehrsknotenpunkt, in der Kaiserpfalz fanden zahlreiche Hoftage statt. Und: Hier heiratete der Kaiser am 17. Juni 1166 in zweiter Ehe die junge, schöne und gebildete Beatrix von Burgund. Der Hochzeitszug führte von der Kaiserpfalz hinab zum Main – wohl vorbei an der Stelle, wo sich jetzt der Tordurchgang befindet –, über die Brücke und weiter bis zum Dom. Die Hochzeit war das gesellschaftliche Ereignis der Zeit, über das viel berichtet wurde. Dazu trug sicher auch die Schönheit der Braut bei, von der der Chronist Acerbus Morena schwärmte, sie habe glänzendes und goldenes Haar, ein sehr schönes Antlitz, weiße und schön gebildete Zähne und eine schlanke Gestalt. Barbarossa soll laut Morena ebenfalls gut ausgesehen haben, mit ebenmäßigen und gut proportionierten Gliedmaßen und einem heiteren Gesichtsausdruck, „als ob er stets lächeln wollte“. Die Verbindung von Friedrich und Beatrix hielt 28 Jahre, bis zu Beatrix' Tod 1184, und soll sehr glücklich und liebevoll gewesen sein. Sicherlich ein gutes Omen für alle Paare, die sich heute in der Deutschhauskirche das Jawort geben.

TIPP

Die Hochzeit Barbarossas mit Beatrix ist im Kaisersaal der Residenz in einem Deckengemälde zu sehen.

Deutschordenskomturei/Deutschhauskirche, Zeller Straße/Schottenanger 13, 97082 Würzburg

ÖPNV: Straßenbahnlinien 2, 4, Buslinien 7, 9, 18, 51, Haltestelle Wörthstraße

Glück aus dem Ofen

38 *Das Restaurant „Auflauf" im Peter-Viertel*

Ansammlung, Anhäufung, Getümmel und Gewimmel. All diese Begriffe können laut Duden synonym zum „Auflauf" verwendet werden. Eigentlich zum Auflauf als Menschenansammlung, aber bei genauerem Überlegen beschreiben sie auch hervorragend die Speise „Auflauf". Die ist nämlich eine (mal wohlkomponierte, mal zufällig sich ergebende) Ansammlung diverser Zutaten an einem Platz, der Auflaufform. Die wird dann in den Ofen geschoben. Auf die Idee, eine sättigende Grundmasse mit weiteren Zutaten wie Fleisch, Fisch, Pilzen, Gemüse und einer Soße zu mischen und das Ganze in einer feuerfesten Form zu überbacken, bis eine knusprige Kruste entsteht, kamen die Menschen schon fast überall auf der Welt. Die Iren haben Shepherd´s Pie entwickelt, die Griechen Moussaka, aus Süddeutschland kommt der süße Scheiterhaufen, aus Frankreich das Kartoffelgratin. Ein solches Gericht kann gut vorbereitet werden und gart dann von alleine. Ein unschlagbarer Vorteil, wenn zu Hause Gäste bewirtet werden. Im Restaurant hat diese Zubereitungsmethode den Effekt, dass niemand allzu lange auf sein Essen warten muss. Zumindest im Würzburger „Auflauf" ist das tatsächlich der Fall. Der Magen der hungrigen Gäste knurrt nicht lange, da steht die köstlich duftende Auflaufform schon auf dem Tisch. Doch Vorsicht! Sofort mit dem Essen anzufangen, empfiehlt sich nicht. Die Gerichte wurden bei 400 Grad im Spezialofen überbacken und sind richtig lange richtig heiß. Beim Warten und Pusten kann man sich ein bisschen umschauen. Voll ist es hier immer, weshalb sich empfiehlt zu reservieren. Die Gäste sind bunt gemischt. Von Familien über Freundesgrüppchen bis zu jungen und älteren Paaren fühlen sich in dem gemütlichen Ambiente alle wohl – einer Mischung aus südfranzösischem Bistro und hanseatischer Gaststube. Ist immer noch Zeit, lohnt sich der erneute Griff zur Speisekarte. Die Auswahl ungewöhnlicher Auflaufvariationen macht Vorfreude auf den nächsten Besuch und inspiriert ganz sicher zu Kreationen für die eigene Küche.

Restaurant Auflauf, Peterplatz 5, 97070 Würzburg, Tel. (09 31) 57 13 43
www.auflauf-wuerzburg.de

ÖPNV: Straßenbahnlinien 1, 3, 4, 5, Haltestelle Neubaustraße, 6 Minuten Fußweg

FLAMM-
KÜCHEN

Die Liebe zur Geometrie

39 *Die Sammlung Peter C. Ruppert*

Konkrete Kunst – mit dem Begriff können zunächst nur Insider etwas anfangen. Wie einzigartig und beeindruckend diese Sammlung in Würzburg tatsächlich ist, lässt sich nur vor Ort erleben: im Museum im Kulturspeicher. Dem hat sie der Kunstsammler Peter C. Ruppert 2002 als Dauerleihgabe zur Verfügung gestellt. Die Sammlung erstreckt sich über drei Stockwerke. Die mehr als 420 Werke stammen von über 250 Künstlerinnen und Künstlern aus 26 Nationen. Einen Schwerpunkt bildet die konkrete Kunstszene aus Deutschland, der gleich zwei Räume gewidmet sind.

Konkrete Künstlerinnen und Künstler wollen keine realen Objekte wiedergeben – etwa den Menschen, ein Tier oder die Natur. Sie stellen stattdessen die Betrachter ihrer Kunst und deren Wahrnehmung in den Mittelpunkt. Mithilfe von naturwissenschaftlichen oder mathematischen Prinzipien wollen sie neue Zusammenhänge zwischen Formen und Farben schaffen – und damit neue Seherlebnisse. In ihren Werken setzen konkrete Künstler zum Beispiel Kreise, Vielecke und Geraden ein, arbeiten mit Farbflächen und Serien. Das wirkt einerseits sehr geordnet und harmonisch, erzeugt andererseits viel Spannung und Dynamik.

Was in der Theorie trocken klingt, wird in der Sammlung im Kulturspeicher zum sinnlichen Erlebnis. Die Effekte der konkreten Kunst sind einfach faszinierend. Ihre Farb- und Raumwirkung erschließen sich jedem ganz unmittelbar. Plötzlich fangen Flächen an zu flimmern, Linien bewegen sich, Kreise tanzen. Im wahrsten Sinne des Wortes eine bewegende Kunst!

TIPP Der nördliche Flügel des Museums beherbergt die sehenswerte Städtische Kunstsammlung des 19. Jahrhunderts bis zur Gegenwart.

Sammlung Peter C. Ruppert im Museum im Kulturspeicher Würzburg, Oskar-Laredo-Platz 1 (für Navigationssysteme: Veitshöchheimer Straße 5), 97080 Würzburg, Tel. (09 31) 32 22 50
www.kulturspeicher.de
ÖPNV: Buslinien 9, 13, 18, 27, Haltestelle Kulturspeicher

PICASSO
N WÜRZBURG

Würzburg zum Anfassen

40 *Die Tastmodelle von historischen Bauwerken*

Menschen lieben Miniaturen: Puppenstuben, Modelleisenbahnen, Buddelschiffe. Diese verkleinerte Welt wirkt so verspielt. Gleichzeitig hilft sie, das große Ganze in den Blick zu nehmen und oft besser zu verstehen. So ähnlich ist es auch bei den Modellen von Dom, Rathaus, Residenz, Alter Mainbrücke und Adalberokirche, die sich jeweils außerhalb der Bauten auf einem kleinen Podest in der Nähe des Eingangsbereiches befinden. Sie sehen niedlich aus und verzücken Kinder wie Erwachsene. Man kann sie von allen Seiten erkunden, aus der Vogelperspektive betrachten oder mit der Nase fast hineinkriechen, um mehr zu entdecken. Ob man sie wohl anfassen darf? Aber ja! Genau dafür sind sie gemacht: als Tastmodelle, die Blinden und Sehbehinderten eine Möglichkeit bieten, sich die historischen Gebäude mit den Fingerkuppen zu erschließen. Der Werkstoff Metall sorgt dafür, dass die Miniaturen robust sind. Weder Tausende von darüberwandernden Fingern noch wilde Wetter können ihnen etwas anhaben.

Manchmal wundern sich sehende Betrachter darüber, dass die Minibauten zwar maßstabgetreu sind, aber nicht allzu detailliert ausgearbeitet. Die Brückenheiligen auf dem Modell der Alten Mainbrücke etwa bestehen aus kegelförmigen, konturlosen Stäben – ganz anders als die echten steinernen Heiligen, von denen jeder in Mimik, Gewand und Insignien als eigene Persönlichkeit gestaltet ist. Doch zu viele Details würden beim tastenden Erkunden ablenken und sozusagen den Blick verstellen. Selbst wenn der Tastsinn bei Sehenden nicht so trainiert ist wie bei Menschen mit einer Sehbehinderung: Die Modelle anzufassen, vermittelt einen ganz anderen, ungewohnten Eindruck der Stadt und schult nicht selten auch den sehenden Blick.

Übrigens: In der Adalberokirche wurde 1957 in dem Spielfilm „Vater sein dagegen sehr“ die Filmhochzeit von Heinz Rühmann und Marianne Koch gedreht.

Tastmodelle historischer Bauwerke: auf dem Kiliansplatz, am linksmainischen Aufgang zur Alten Mainbrücke, links neben dem Eingang zum Hofgarten der Residenz, am südlichen Eingang zum Rathaus und vor der Kirche St. Adalbero

Spontanchor

41 *Wirtshaussingen im Johanniterbäck*

„Wo man singt, da lass dich ruhig nieder, böse Menschen haben keine Lieder.“ Dieses Zitat wird dem Dichter Johann Gottfried Seume (1763–1810) zugeschrieben. Wäre er in seinem gehetzten Leben doch nach Franken gekommen! So manche Unbill wäre ihm erspart geblieben, und er hätte sicher zur Ruhe gefunden. Denn Singen, vor allem das Wirtshaussingen, gehört hier zum alten Kulturgut. Die Menschen in dieser Region müssen also verträglicher sein als anderswo.
Seit einigen Jahren lebt die Tradition des Wirtshaussingens wieder auf, in Würzburg zum Beispiel in der Weinstube Johanniterbäck. Jeden ersten Mittwoch im Monat trifft man sich hier in ungezwungener Runde, isst, trinkt, unterhält sich und singt zusammen bekannte Lieder. Beim Text helfen Liederbücher, die Wirt und Wirtin verteilen, damit jeder mitmachen kann. Begleitet wird der Spontanchor aus Weinstubenbesuchern von einem Musiker am Schifferklavier, dem Ansänger. Dank ihm ist es einfacher, den Ton zu finden und zu halten. Aber selbst, wenn es einmal etwas schräg klingt: Wen stört's? Die Menschen im Johanniterbäck sicher nicht, denn die sind zum Mitmachen gekommen und nicht zum Zuhören. Zudem ist die Stube meist brechend voll, sodass nicht auffällt, wenn der ein oder die andere weniger Singerfahrung mitbringt.

TIPP Wirtshaussingen gibt es unregelmäßig auch in der Weinstube Maulaffenbäck in der Maulhardgasse.

Wer übrigens meint, hier träfen sich nur ältere Menschen, liegt daneben. Das Publikum beim Wirtshaussingen ist bunt gemischt, vom Alter wie von der Herkunft. Blond sitzt neben grau, dick neben dünn. Beim Singen sind alle gleich. Und jeder darf einen Vorschlag machen, was als Nächstes drankommt. Darunter sind mal rührselige, mal deftige, mal lustige, mal melancholische Lieder – eine bunte Mischung, wie sie das Volksliedgut eben hergibt. Allein diesen kulturellen Reichtum wiederzuentdecken, macht glücklich. Das gemeinsame Singen sowieso. Und den Ansänger freut es, wenn sich die Begeisterung der Wirtshausbesucher in klingender Münze in seinem Hut niederschlägt, den er abschließend herumreicht.

Wirtshaussingen im Johanniterbäck, Johanniterplatz 3, 97070 Würzburg, Tel. (09 31) 5 43 68
www.weinstube-johanniterbaeck.de

ÖPNV: Straßenbahnlinien 1, 3, 4, 5, Haltestelle Neubaustraße, 2 Minuten Fußweg

LIMEX
LIMEX
ZUPAN
Juwel

Barockes Kleinod in Grün

42 *Der Garten des Juliusspitals*

Bei „Juliusspital" fallen vielen als Erstes die hervorragenden Weine ein, die die Stiftung anbaut. Mehr als 180 Hektar Weinberge in bester Lage zählt sie zu ihrem Besitz und ist damit das zweitgrößte Weingut Deutschlands. Doch der Wein ist nur Nebensache, um die gemeinnützigen und sozialen Einrichtungen der Stiftung zu finanzieren. Die sind zu einem guten Teil in dem riesigen und teils historischen Gebäudekomplex untergebracht, der sich im Karree nördlich der Juliuspromenade erstreckt. Inmitten dieses Karrees, gut versteckt und von Touristen nur selten entdeckt, befindet sich der Erholungspark des Juliusspitals. Um dorthin zu gelangen, muss man durch das Haupttor an der Juliuspromende gehen, den Innenhof hinter sich lassen und den Durchgang des barocken Querbaus passieren. Dann tut sich eine kleine Idylle auf – mit sattgrünen Rasenflächen, ausladenden Bäumen und Sträuchern, zahlreichen Ruhebänken, einem imposanten Brunnen und einem entzückenden Gartenpavillon sowie gelegentlich wechselnden Kunstinstallationen.

Angelegt wurde der Garten 1597, wenige Jahre nach Gründung des Juliusspitals, durch Fürstbischof Julius Echter von Mespelbrunn als Arzneikräutergarten. 99 Jahre später gründete Fürstbischof Johann Gottfried II. von Guttenberg den botanischen Garten, der 1705 zunächst um den Gartenpavillon ergänzt wurde und dann noch einen Brunnen als Schmuck bekam. Der Bildhauer Jacob von Avera gestaltete diesen Brunnen mit den allegorischen Figuren der vier fränkischen Flüsse Main, Tauber, Sinn und Saale. Der Pavillon diente zunächst als Sommersitz des Fürstbischofs, wurde aber schon bald zum „Theatrum Anatomicum" umgebaut, in dem die Vorlesungen für Anatomie der Universität abgehalten wurden. Hier wirkte unter anderem der Pathologe Rudolf Virchow, der durch seine Arbeiten in Würzburg und Berlin zu Weltruhm gelangte. Heute wird das barocke leuchtend gelbe Juwel mit seiner stuckverzierten Decke und den großen Flügelfenstern als Festsaal genutzt. Jeder kann es mieten und stilvoll feiern.

TIPP Sehenswert ist auch die Rokokoapotheke im Fürstenbau, geöffnet montags bis freitags 14 bis 15 Uhr.

- **Park der Stiftung Juliusspital Würzburg, Juliuspromenade 19, 97070 Würzburg**
- **ÖPNV: Straßenbahnlinien 1, 2, 3, 4, 5, Buslinie 9, Haltestelle Juliuspromenade**

Cityjogging

43 *Die Stadt im Laufschritt erkunden*

Bewegung und Bildung – das lässt sich ganz einfach verbinden: Joggingschuhe und Sportklamotten anziehen und los geht's zum Sightjogging. Das hat gleich mehrere positive Effekte: Wer eine Stadt auf diese Weise erkundet, wird mit unerwarteten Einblicken und Eindrücken belohnt. Der Bewegungs- und Entdeckungsradius erweitert sich, und die Umgebung wird intensiver wahrgenommen. Zudem freut sich der Körper, wenn er einmal richtig ausschreiten darf, denn das bei Städtetouren übliche Pflastertreten geht ihm irgendwann auf den Geist – und oft auf den Rücken. Die Würzburger Altstadt ist allerdings fast zu klein, um sie im Laufschritt zu erkunden. Dafür finden sich schöne Joggingstrecken entlang des Mains. Flussaufwärts sind es ab der Ludwigsbrücke über die Kurt-Schumacher-Promenade bis zum Graf-Luckner-Weiher und zurück rund sechs Kilometer. Linksmainisch führt ein Rad- und Fußweg von der Alten Mainbrücke bis zum Kloster Oberzell, hin und zurück etwa acht Kilometer. Wer Anstiege sucht, kann die Weinberge zur Steinburg laufend erklimmen oder sich auf der anderen Mainseite durch das Gelände der alten Landesgartenschau bis zur Festung schwitzen. Mehr Stadtnähe und Tuchfühlung mit vielen Sehenswürdigkeiten bietet eine knapp sechs Kilometer lange Tour rund um die Altstadt. Am Sanderring beginnend, geht es über die Ludwigsbrücke und dann Richtung Norden, vorbei am Burkader See und an der Fledermausstation. Kurz vor der Alten Mainbrücke führt die Strecke auf die Leonhard-Frank-Promenade und an deren Ende mit einem Schlenker auf die Friedensbücke. Auf der anderen Mainseite beginnt wenige Meter nördlich des Röntgenrings der Ringpark oder Pleicherglacis. Hier geht es in einem großen Bogen vorwiegend auf Fußwegen unter alten Bäumen weiter, vorbei an der Röntgengedächtnisstätte und dem Hauptbahnhof bis zum Berliner Ring. Weiter geht es durch Klein-Nizza, den Hofgarten der Residenz in Blickweite, und schließlich wieder zum Sanderring, vorbei an der Neuen Universität bis zum Ausgangspunkt.

TIPP Am Parkplatz Feggrube startet mittwochs um 18 und samstags um 10 Uhr der Freie Lauftreff Würzburg.

Joggen in Würzburg, verschiedene Strecken um die Stadt und entlang des Mains

Balkon, erste Reihe, Mitte

44 *Kulturgenuss im Mainfranken Theater*

Um die Vielfalt an öffentlichen Theatern in unseren Städten, auch und gerade in den mittelgroßen, beneiden uns viele Menschen, die in anderen Ländern zu Hause sind. Würzburg ist in dieser Hinsicht besonders gut aufgestellt: Die Stadt leistet sich ein Vierspartenhaus mit Musiktheater, Schauspiel, Tanz und Konzert – und das alles auf einem Niveau, von dem sich manche Metropole eine Scheibe abschneiden könnte. Das Philharmonische Orchester Würzburg gestaltet außerdem Sinfonie-, Kammer- und verschiedene Konzertevents, darunter Familien- und Jugendkonzerte. Beim „Auftakt" zu Beginn der Saison stellt das Theater seinen neuen Spielplan vor und gibt in einer Abendveranstaltung erste Einblicke in die kommenden Produktionen. Dazu kommen Oper- und Schauspielproduktionen für Kinder und die plattformX mit theaterpädagogischen Angeboten, Mitmachworkshops, Gesprächsreihen, Performances. Die Ideen gehen den Machern nicht aus. Gespielt wird vor allem im Großen Haus mit über 700 Sitzplätzen und in den Kammerspielen mit gut 90 Plätzen.

Auch wenn sich ein Besuch immer und egal an welcher Spielstätte lohnt: Am schönsten sitzt es sich im Großen Haus auf dem Rang, erste Reihe, in der Mitte. Dabei zählen diese Plätze nicht zu den edelsten und sind daher günstiger als die im Parkett, in den Logen oder den Orchestersitzen. Aber nur von hier oben hat man solch einen freien Blick auf die Bühne und den Orchestergraben (und vor Beginn der Vorstellung auf das, was sich im Parkett so tut, denn auch hier spielen sich manche unterhaltsame Dramen, Kämpfe und Kussszenen ab). Niemand kann einem den Blick versperren. Selbst für lange Beine ist viel Platz. Und in besonders faszinierenden Momenten kann man sich an die Brüstung vorlehnen, um dem Geschehen noch etwas näher zu kommen, ohne andere zu stören. Wo sonst gibt es solche (Bewegungs-)Freiheit für die Zuschauer? Deshalb: Vorhang auf und viel Vergnügen!

Mainfranken Theater Würzburg, Theaterstraße 21, 97070 Würzburg, Tel. (09 31) 3 90 81 24
www.mainfrankentheater.de
ÖPNV: Buslinien 6, 9, 12 und weitere, Haltestelle Mainfranken Theater

Funkelnde Wunderkammer

45 *Das Mineralogische Museum*

Glitzernde Steine aus dem Inneren der Erde. Meteoriten, die aus den Weiten des Weltalls auf unseren Planeten gestürzt sind. Versteinerungen, die ein Abbild von urzeitlichen Lebewesen und Pflanzen erhalten haben. All diese Schätze sind im Mineralogischen Museum der Universität Würzburg zu entdecken. Auf knapp 500 Quadratmetern zeigt die Ausstellung rund 3000 Exponate, die verschiedenen Themenbereichen zugeordnet sind.
So geht es in dem einen Bereich um die Dynamik der Erde – darum, wie sich Kontinentalplatten bewegen und verschieben, zusammengestoßen und wieder auseinandergedriftet sind und damit unserer Erde ihr heutiges Gesicht gaben. Im Heimatgesteinsraum werden Minerale gezeigt, die aus der Region Mainfranken stammen. Dazu gehören wunderschöne handgroße Ammoniten mit ihren spiralförmig gewundenen Gehäusen, auf deren Oberfläche eine feine Zeichnung zu erkennen ist, die Experten die Lobenlinien nennen. Spannend zu entdecken ist, welche regionalen Baumaterialien für bedeutende Gebäude Würzburgs verwendet wurden. Mit dem Wissen kann man beim nächsten Stadtspaziergang brillieren: „Für die Alte Mainbrücke haben die Baumeister Quaderkalk verwendet. Das Portal des Neumünsters – eindeutig roter Mainsandstein. Die Sparkasse in der Hofstraße – Muschelkalk. Die Neue Universität wurde aus Blasensandstein gebaut, die Residenz hingegen aus Werksandstein."

TIPP Außerhalb der Öffnungszeiten können Gruppen Führungen zu verschiedenen Themen buchen.

Wunderbar farbenprächtig geht es im Edelsteinraum zu. Faszinierend sind auch die fluoreszierenden Minerale. Schließt man den Vorhang um den kleinen Raum und schaltet das Schwarzlicht an, fangen die bei Tageslicht oft unscheinbaren Steine an zu leuchten, als stecke eine unsichtbare Energie in ihnen.
Genauso interessant wie die Minerale anzuschauen, ist es, sie anzufassen: die glatte Oberfläche des Obsidian zu erspüren, die raulöchrige Brockenlava abzutasten oder den federleichten Bims in Händen zu halten. Wer nicht genug bekommen kann von den schönen Steinen: Am Eingang gibt es für wenig Geld ein paar kleine Schätze zu kaufen.

Mineralogisches Museum, Am Hubland Süd, Gebäude G1 (Institut für Geographie und Geologie), 97074 Würzburg, Tel. (09 31) 3 18 54 07, mittwochs und sonntags, 14-17 Uhr, Eintritt frei www.mineralogisches-museum.uni-wuerzburg.de

ÖPNV: Buslinien 10, 14, Haltestelle Am Hubland (Hinweisschildern zum Campus Süd und zum Mineralogischen Museum folgen)

Nasch dich glücklich

46 *Der „mixdirsüßes"-Kiosk*

Eine Tüte nehmen und sie nach Herzenslust mit genau den Naschereien füllen, nach denen gerade der Sinn steht – der Gedanke an diesen Kindertraum lässt auch Erwachsenenaugen strahlen. Wie die Kleinen können deshalb die Großen kaum der Versuchung widerstehen, wenn all die süßen bunten Köstlichkeiten vor ihnen stehen und sie appetitlich anlachen: Brausebrocken mit Waldmeister-, Zitronen- oder Himbeergeschmack. Saftige Lakritzschnecken. Saure Colaschlangen. Lollys in Regenbogenfarben. Glänzend bunte Jelly Bellys. Zartrosa Schaumzuckerherzen, weiße Mäuse, süße Pilze ... Mit all diesen Kleinigkeiten ist so ein Tütchen schnell gefüllt. Obendrauf passt in jedem Fall noch einer dieser sauren Kaugummis, die im Mund so wunderbar bizzelnd explodieren.

Wo es diese bunten Verführungen gibt? In einem Kiosk im Peterviertel. „mixdirsüßes" heißt das kleine Naschparadies. Wer es entdeckt hat, kann kaum daran vorbeigehen. Aus dem „Nur mal kurz reinschauen" wird fast immer ein „Wenigstens eine kleine Tüte nehm ich mit". Und wer sagt denn, dass man die für sich selber zusammenstellt? Fast jeder freut sich über solch ein Mitbringsel, das Erinnerungen an Freibadbesuche mit den Eltern weckt oder an Momente denken lässt, in denen man mit verklebten Fingern neben der besten Freundin auf der Gartenmauer saß, genüsslich Gummibärchen in den Mund schiebend, während der Tag einfach vorbeitrieb.

Selbst gesundheitsbewusste Menschen müssen auf den Genuss aus der selbst gemixten Tüte nicht verzichten. Im Lädchen finden sich auch vegetarische, vegane, gluten- oder zuckerfreie Süßigkeiten. Die stehen den anderen in puncto Geschmack und Aussehen in nichts nach. Von den zuckerfreien sollte man allerdings nicht zu viel auf einmal naschen, weil die verwendeten Zuckeraustauschstoffe abführend wirken können.

Ansonsten: Ab mit der frisch erstandenen Tüte aufs nächste Mäuerchen, die Beine baumeln lassen und mit dem Geschmack aus Kindheitstagen auf der Zunge den süßen Augenblick genießen.

Kiosk „mixdirsüßes", Peterstraße 4, 97070 Würzburg, Tel. (09 31) 41 73 02 38
www.mixdirsuesses.de
ÖPNV: Straßenbahnlinien 1, 3, 4, 5, Haltestelle Neubaustraße

LOLLY MASTER
REINHARDT
OSTERGRAS
0,09 €
WATSCHEL
Trolli
0,06 €
OSTERGRAS
0,09 €
WATSCHEL
Trolli
0,06 €
0,50 €
GLOTZER
(Fruchtmix)
Trolli
0,50 €
PYRAMIDEN
(Fruchtmix)
Yummi Yummi
0,09 €
PYRAMIDEN
(Fruchtmix)
0,09 €
PIZZASTÜCKE
(Fruchtmix)
Yummi Yummi
0,14 €
PIZZASTÜCKE
(Fruchtmix)
Yummi Yummi
0,14 €
ZUNGEN BUBBLE GUM
Yummi Yummi
0,14 €
ZUNGEN BUBBLE GUM
Yummi Yummi
0,14 €

Französische Leckereien

47 *Die Confiserie „Petit Délice"*

Eine schokoladenbraune Theke zieht sich im gebogenen Winkel durch die französische Confiserie in der Theaterstraße. Das sieht ebenso appetitlich wie edel aus. In der Theke präsentieren sich schokoladige Törtchen und fruchtige Tartelettes, verzierte Eclairs, kunstvolle Petit fours, Pralinen und vor allem: Macarons.

Das berühmte französische Schaumgebäck besteht aus zwei pastellfarbigen oder knallbunt eingefärbten Mandelbaiserhälften. Gefüllt sind sie mit einer süßen Creme. Die ist mal sahniger, mal fruchtiger, je nach Sorte. Zu den Klassikern unter den Macarons gehören die Geschmacksrichtungen Vanille und Schokolade, beliebt sind zudem nussige Varianten und dann die, bei denen die Sahnecreme mit Fruchtpüree gemischt ist: Himbeere, Limette, Cassis und manches mehr.

Die verschiedenen Schichten der Macarons sorgen für das besondere Geschmackserlebnis. Beim Reinbeißen muss es leicht knacken, im Inneren ist das Baiser luftig und ein bisschen klebrig, dann kommt die weiche, aromatische Creme, die auf der Zunge schmilzt. Ein himmlischer Genuss, der sich aber nur auftut, wenn die Macarons frisch sind und kühl gelagert werden. Schon nach ein paar Tagen fangen die Baiserkekse sonst an, hart zu werden und zu bröseln, die Creme wird zäher und verliert an Aroma.

Das kann im „Petit Délice" nicht passieren. Hier sind die Macarons so knusprig-fluffig und voller Geschmack, dass man sich beim ersten Bissen in sie verlieben muss. Sie kommen direkt aus Dijon, von einem preisgekrönten Confiseur. Auch die Törtchen und Pralinen sind echt französische Meisterwerke, sie werden in Straßburg gebacken und hergestellt. Zwar ist das köstliche Vergnügen nicht ganz günstig – ein paar Minuten im französischen Himmel haben eben ihren Preis –, dafür gibt es im Petit Délice etwas, das in original französischen Confiserien nicht zu bekommen ist: eine gute Tasse Kaffee, ob Espresso, Cappuccino oder Café au lait, mit der sich der süße Aufenthalt noch etwas verlängern lässt.

Petit Délice, Theaterstraße 10, 97070 Würzburg, Tel. (09 31) 99 13 38 44
www.petit-delice.de
ÖPNV: Buslinien 6, 12, 16 und weitere, Haltestelle Barbarossaplatz, 3 Minuten Fußweg

UNSERE MACARONS
1,75€
Eclair
2,60 €

Tanz & Performance

48 *Das Theater tanzSpeicher*

Balletttheater gibt es in etlichen Städten Deutschlands, auch in Würzburg. Ein Theater für zeitgenössischen Tanz haben hingegen nur wenige – Würzburg schon. Zu verdanken ist das Thomas K. Kopp. Als Tänzer und Choreograf tourte er rund um die Welt. Doch statt sich in Tanzhochburgen wie New York, London oder München niederzulassen, kam er wieder zurück in seine Heimatstadt, um hier seine eigene Kompanie für zeitgenössischen Tanz zu gründen. Anfangs zeigte er die Produktionen noch an unterschiedlichen Orten. Doch seit 2004 haben er und das „kollektiv anderer tanz“ eine feste Spielstätte gefunden: das „Theater tanzSpeicher“. Es bietet Platz für gut 80 Zuschauer und hat sich zum süddeutschen Mekka für alle entwickelt, die moderne tänzerische Performances in ihren vielfältigen Facetten erleben möchten.

Die Zusammensetzung der freien Kompanie variiert, abhängig vom Projekt. Die Auditions, also das Vortanzen und die Auswahl der Mitwirkenden, finden in Berlin statt. Mal sind es nur vier Künstlerinnen und Künstler, die für eine Produktion benötigt werden. Mal stehen mehr Tänzer und Performer auf der zehn mal zehn Meter großen Bühne. Ein bis zwei neue Stücke erarbeiten Choreograf und Kollektiv im Jahr neu – in einem gemeinsamen Prozess, in dem sich von der Recherche bis zur Gestaltung alle einbringen. Darauf legen sie Wert. Auf dem Spielplan stehen außerdem zwei bis drei Stücke aus dem Repertoire sowie Gastspiele. In der Spielzeit von September bis Juli wird also fast jedes Wochenende eine Aufführung geboten: mit unkonventioneller Tanz- und Bewegungssprache auf hohem Niveau. Das beschert den Zuschauern immer wieder überraschende Seherlebnisse, auf die es sich einzulassen lohnt. Und die zur Auseinandersetzung mit dem Thema der Tanzaufführung und seiner Umsetzung auffordern oder einfach nur begeistern.

Wer sich spontan für den Besuch einer Aufführung entscheidet, bekommt in der Regel kurzfristig noch Einzelkarten. Gruppen sollten auf jeden Fall rechtzeitig reservieren.

TIPP Im „tanzLabor“ bietet Thomas K. Kopp Kurse für alle an, die Freude an Tanz und Bewegung haben.

Theater tanzSpeicher im Kulturspeicher, Oskar-Laredo-Platz 1, 97080 Würzburg, Tel. (09 31) 4 52 58 55
www.tanzspeicherwuerzburg.de
ÖPNV: Buslinien 9, 13, 18, 27, Haltestelle Kulturspeicher

Paradies für Leseratten

49 *Öffentlicher Bücherschrank Eichhornstraße*

Lust auf neue Lektüre? Dann lohnt es sich, bei Würzburgs öffentlichem Bücherschrank in der Eichhornstraße vorbeizuschauen. Hier darf jede Leseratte Bücher mitnehmen, ohne Leihausweis und ohne Gebühr. Genauso können eigene ausgelesene Bücher, die in gutem Zustand sind, eingestellt werden. Niemand fordert Rechenschaft. Man darf durchaus mehr Bücher entnehmen als einstellen (das tun laut einer Studie der Universität Bonn in der Regel Studierende), aber genauso mehr Bücher abgeben als mitnehmen (was häufig bei Senioren der Fall ist).

Gespendet haben den Würzburger Bücherschrank die vier regionalen Druck- und Medienhäuser. Gefördert und damit erst ermöglicht wird das Projekt durch die Stadtbücherei und einige örtliche Buchhandlungen. Schließlich braucht es einen regelmäßigen wachsamen Blick, damit im Schrank Ordnung herrscht und keine inhaltlich bedenklichen Schriften verbreitet werden. Welches Angebot an Lektüre zur Verfügung stehen wird, lässt sich aber nicht vorhersagen. Das ändert sich täglich. In jedem Fall ist die Auswahl groß und hält für jeden Geschmack etwas bereit. In den unteren Regalreihen finden sich Kinder- und Bilderbücher, darüber Krimis, Thriller, Liebesgeschichten, Klassiker, manchmal Lyrik, bis hin zu Sachbüchern und Bildbänden. Alles steht gut geschützt hinter vier Glastüren, der Schrank ist von jeder Seite zugänglich.

Manchmal passiert es auch, dass ein Buch schon vor dem Bücherschrank abgefangen wird: „Das ist doch der neue Don Winslow! Darf ich den haben?“ Oder: „Was für ein schöner Fotoband! Den würde ich gerne in Ruhe durchblättern.“ In solch einem Fall strahlen beide gleichzeitig: die Geber, dass sich für ihr geliebtes Buch eine seelenverwandte Leseratte gefunden hat, und die Nehmer, dass sie genau die Lektüre geschenkt bekommen, nach denen ihnen gerade der Sinn steht. Sharing Economy vom Feinsten.

Öffentlicher Bücherschrank, vor der Eichhornstraße 7, 97070 Würzburg
ÖPNV: Straßenbahnlinien 1, 3, 4, 5 Haltestelle Dom, 4 Minuten Fußweg

OFFENER BÜCHERSCHRANK
Lesen – Tauschen – Entdecken
Für alle BürgerInnen und alle BesucherInnen unserer Stadt

Häuserzier

50 *Das Wandgemälde in der Laufergasse*

Die Laufergasse ist ein unscheinbares Sträßchen im Mainviertel, gerade einmal hundert Meter lang. Fast könnte man es übersehen und einfach vorbeilaufen, was wirklich schade wäre. Denn am oberen Ende, direkt neben dem Gebäude, in dem der Verband für Ländliche Entwicklung Unterfranken untergebracht ist, findet sich ein ganz besonderer Baum. Der zieht sich als Wandgemälde über die Fassaden des Eckgebäudes am westlichen Gassenende und die beiden Nachbarhäuser. Dabei fügt er zusammen, was auf den ersten Blick so gar nicht zusammengehörig scheint, und verleiht dem Ort eine unerwartet schmucke und heimelige Atmosphäre. Auf den knorrigen Ästen und in den Asthöhlen des Baumes, vermutlich einer Eberesche, verstecken sich Vögel und anderes Kleingetier. Seine Zweige umranken die Hausfenster, die dadurch wie freundliche Ausgucke wirken. Fast meint man, die Blätter leise wispern zu hören, so plastisch sehen sie aus.

Geschaffen hat den Baum Renate Jung (*1943), eine über die Grenzen Würzburgs hinaus bekannte Kunstmalerin. Früher war sie oft auf einem Gerüst anzutreffen, im farbbesprenkelten weißen Malerkittel, in der Hand den Pinsel, zu Füßen die Farben und vor sich eine riesige Hausfassade, die es galt, mit „Kunst am Bau“ nach ihren Entwürfen zu gestalten. An die hundert Wände von Schulen, Klöstern, Kliniken und Privathäusern hat sie verschönt, einige davon in Würzburg und Umgebung, etwa die Mönchbergschule, das ehemalige Holztor in der Kärrnergasse oder das Treppenhaus der Don-Bosco-Berufsschule. Der Baum in der Laufergasse war eines ihrer ersten Wandgemälde. Entstanden ist es 1981. Die Jahreszahl findet sich auf dem untersten Ast, neben ihrer Signatur. Die Idee zu diesem Motiv ist der Malerin mit dem Ort gekommen, wie auch bei ihren anderen Werken im öffentlichen Raum. In dem Fall wusste sie: Hier muss etwas Verbindendes hin. Etwas, das zusammenwachsen lässt. Das Ergebnis ist bis heute überzeugend und macht aus einer unscheinbaren Gasse einen entdeckenswerten Glücksort.

TIPP

Gegenüber dem Wandgemälde befindet sich eine der letzten Kriegsruinen im Würzburger Stadtgebiet.

Fassadengemälde „Baum“, Laufergasse 7–11, 97082 Würzburg
ÖPNV: Straßenbahnlinien 1, 3, 4, 5, Haltestelle Rathaus, 10 Minuten Fußweg

Tausendundein Kranich

51 *Das Siebold-Museum im Siebold-Palais*

In Japan kennt ihn jedes Schulkind. In Deutschland ist er – abgesehen von Japanologen – gerade einmal in Würzburg bekannt und selbst da nicht jedem. Dabei gilt der am 17. Februar 1796 in Würzburg geborene und aufgewachsene Philipp Franz von Siebold als Wegbereiter der Japanologie in Europa. Ein Mitbringsel seiner Reisen ist bis heute in zahlreichen deutschen Gärten zu bewundern: die Hortensie.

Von Hause aus war Siebold Arzt. Und chronisch neugierig. So arbeitete er nicht nur als Mediziner – mit diesem Auftrag war er 1822 offiziell nach Japan gekommen –, sondern zudem als holländischer Forscher über Japan. Dabei interessierte er sich für Land und Leute, Sprache und Sitten und für die Flora des Inselstaates. Er muss ein äußerst charismatischer Mensch gewesen sein, denn im Gegensatz zu anderen Europäern öffneten sich ihm viele Türen. Einige der von ihm erforschten Pflanzen konnte er nach Europa schicken. Allerdings versuchte er, auch verbotenes Wissen wie Landkarten von Japan zu sammeln und auszuführen. Er wurde erwischt und zum Tode verurteilt, die Strafe wurde aber wegen seiner Verdienste in lebenslange Verbannung umgewandelt. Erst 30 Jahre später konnte er wiederkommen.

TIPP

Im Teehaus des Museums werden auf Anmeldung japanische Teezeremonien angeboten.

Die Sammlungen Siebolds wurden die Basis für seine Forschungsarbeiten, denen er sich im holländischen Leiden widmete, wo er sich niederließ. Diese Sammlungen bilden noch heute den Grundstock des Völkerkundemuseums in Leiden und des Museums Fünf Kontinente in München. Zum Gedenken an Siebold und seine Arbeit eröffnete die Siebold Gesellschaft 1995 das Siebold-Museum in Würzburg. Untergebracht ist es in der ehemaligen Direktorenvilla auf dem Bürgerbräugelände in der Zellerau. Allein diese Villa ist sehenswert. Mit ihrer gediegen-europäischen Herrschaftlichkeit steht sie in spannungsvollem Gegensatz zu den ostasiatischen Exponaten. Im Entrée verzaubert die Besucher ein Mobile aus tausend gefalteten bunten Papierkranichen plus einem goldenen.

Siebold-Museum, Frankfurter Str. 87, 97082 Würzburg, Tel. (09 31) 41 35 41
siebold-museum.byseum.de

ÖPNV: Straßenbahnlinien 2, 4, Haltestelle Siebold-Museum, Buslinien 48, 521, 522, Haltestelle Bürgerbräu

Wie im Fluge

52 *Poledance im Vertical*

Wer im Sportunterricht die Stange hochklettern konnte, dem war die Bewunderung der anderen sicher, eine Eins im Zeugnisheft gab es meist dazu. Klettern war jedoch die einzige Übung, für die dieses Gerät herhalten musste. Das machte denen, die es konnten, Spaß; die anderen lernten die Stange zu hassen. Dabei steckt so viel mehr an Bewegungspotenzial in solch einem runden, langen Stück Metall, das vertikal im Boden verankert ist. Eine Ahnung davon geben spielende Kinder, die sich wirbelnd um eine Teppichstange drehen. Vielleicht ist das der Grund, warum Poledance heute so im Trend liegt: Eigentlich ist es eine ganz natürliche und spielerische Bewegung, die enorm Freude macht. Zumindest in den Grundzügen kann sie jeder rasch lernen, Ehrenwort!

Ausprobieren lässt sich das zum Beispiel im Vertical. In dem Loft mit seinen hellen hohen Wänden, dem dunklen Holzboden und den bodenlangen Vorhängen vor den mattierten Fensterscheiben fühlt man sich sofort wohl und geschützt. Hier trifft man zudem nicht nur auf ranke, schlanke, durchtrainierte junge Frauen. Die meisten sind so durchschnittlich vielfältig, wie Frauen eben sind: groß oder klein, dünner oder rundlicher, jünger oder älter, mehr oder weniger sportlich – aber alle mit der Lust, sich auf diese tänzerisch-akrobatische Bewegungsart einzulassen und zu entdecken, was in ihnen steckt. Und mit dem Bewusstsein, dass Poledance ein äußerst effektives Fitnesstraining ist, das Kraft, Beweglichkeit und Geschicklichkeit fördert. Der Muskelkater ist nach den ersten Einheiten deshalb garantiert.

Noch intensiver aber ist das wunderbare Gefühl des Fliegens, das sich beim Schwingen um die Poles einstellt. Bereits in der ersten Stunde gelingen ein paar einfache Drehungen. Auch Kraftübungen gehören immer dazu. Aber daneben ist es vor allem die erlernte Technik, die zu Erfolgserlebnissen verhilft. Deshalb nicht wundern, wenn schon bald klappt, was im Sportunterricht nie möglich schien: die Stange hinaufzuklettern.

Vertical, Pleicherkirchplatz 15, 97070 Würzburg, Tel. (01 74) 4 31 84 90
www.vertical-studio.de

ÖPNV: Straßenbahnlinien 1, 2, 3, 4, 5, Haltestelle Juliuspromenade oder Ulmer Hof, vier Minuten Fußweg, Buslinien 6, 9, 16 Haltestelle Juliuspromenade

Festung in Sicht

53 *Weg zur Neuen Welt*

Wer ein Häuschen am „Weg zur Neuen Welt“ sein eigen nennt, ist wirklich zu beneiden. Hier oben wohnt sich ausnehmend romantisch. Hexenhäuschen mit wildem Garten reihen sich an Gründerzeitvillen und großzügige Bungalows im Bauhausstil. Gerade einmal 30 Gehminuten sind es bis zur Altstadt. Noch schneller ist man im Grünen: Vom oberen Ende des Weges ist es einen Katzensprung ins Naherholungsgebiet Frankenwarte. Vor allem aber bietet sich von dieser kleinen steilen Straße am Nordhang des Nikolausberges ein unvergleichlicher Blick auf die Festung Marienburg mit ihren beeindruckenden Bastionsanlagen samt Maschikuliturm und die ihr zu Füßen liegenden Weinberge.
Doch der Spaziergang zum „Weg zur Neuen Welt“ lohnt sich nicht nur wegen des grandiosen Ausblicks auf die Festung. Am Ende des Weges findet sich der historische Gutshof „Neue Welt“, der dem Sträßchen seinen Namen gab. Zwar ist er in Privatbesitz und nicht zu besichtigen (es sei denn, man mietet die Ferienwohnung), aber bis heute strahlt er ein besonderes Flair aus.
Errichtet wurde der Gutshof in der zweiten Hälfte des 19. Jahrhunderts durch einen wohlhabenden Bauunternehmer aus Kitzingen, Johann Adam Wadenklee. Der Hof blieb seine Liebhaberei, nennenswerten Ertrag erwirtschaftete er nicht. Aber er lag so idyllisch, dass er schon bald zum Ausflugsziel flanierender Würzburger wurde. Als die Nachkommen Wadenklees mit finanziellen Schwierigkeiten zu kämpfen hatten, begannen sie, Zimmer an Professoren und Studenten der Universität zu vermieten. Wadenklees Enkelinnen, Margaretha und Gertraud Rostosky, waren zudem musisch veranlagt. Margaretha gründete einen Salon, in dem Lesungen und Konzerte stattfanden. Gertraud, die Malerin wurde, machte den Gutshof zum Sommersitz von Künstlern. Der Maler Otto Modersohn war hier zu Gast, der Grafiker Alfred Kubin, der Dichter Max Dauthendey und viele andere einflussreiche Intellektuelle ihrer Zeit.

Gutshof „Zur neuen Welt“, Leutfresserweg 32, 97082 Würzburg
ÖPNV: Buslinie 17, Haltestelle Weg zur neuen Welt

Kunst statt Kohle

54 *Das Galerieschiff ARTE NOAH*

Was macht ein Frachtschiff, das in die Jahre kommt und einfach stillgelegt wird, nachdem es jahrzehntelang zuverlässig Kohle und Getreide über Frankreichs Kanäle geschippert hat? Es kann, enttäuscht vom Leben, vor sich hindümpeln. Oder es lässt sich von Menschen, die auf der Suche nach einem unkonventionellen Ausstellungsraum für zeitgenössische Kunst sind, neues Leben einhauchen. Dem Kunstverein Würzburg fiel das Potenzial, das in dem alten Kahn namens MS Iris schlummerte, sofort ins Auge. Das war Anfang der 1990er. Mit Renovierungsgeschick, ehrenamtlichem Einsatz und Glauben ans Glück wurde aus dem ehemaligen Frachtkahn die ARTE NOAH des Kunstvereins Würzburg, die einzige schwimmende Galerie Deutschlands.

Der einstige Laderaum wurde umgebaut zu einem großen und lichten Ausstellungsraum, ohne ihm den alten Schiffs-Charme zu nehmen. Die Bullaugen, der Fußboden aus hölzernen Planken, die nach unten führende Schiffstreppe oder die gesamte Form des Raumes – der Geist der MS Iris ist überall zu spüren. Besonders authentisch wirken die liebevoll restaurierte Kombüse und das Steuerhaus. Seit 2007 hat die ARTE NOAH ihren Ankerplatz im Würzburger Kulturhafen hinter dem Kulturspeicher gefunden.

Von März bis November werden auf der ARTE NOAH vier Ausstellungen mit Werken zeitgenössischer Künstlerinnen und Künstler gezeigt. Jeder kann die Arbeiten dann unmittelbar erleben, ergründen, erwerben. Schließlich ist genau das die Aufgabe von Kunstvereinen als gemeinnützige Institutionen: Sie wollen Laien einen Zugang zur Gegenwartskunst vermitteln und sie anregen, mit ihrer Antwort auf unsere existenziellen Fragen in einen Dialog zu treten. Ergänzt wird dieser Dialog durch Vorträge, Führungen, Kunstgespräche und Konzerte. Wer von dem spektakulären Schiff nicht genug bekommen kann: Außerhalb der Ausstellungszeiten kann das Kunstschiff für private Veranstaltungen gemietet werden. Glücksort Galerieschiff ARTE NOAH: Der Eintritt ist frei. Recht wenig Kohle für so viel Kunst.

Galerieschiff ARTE NOAH, Alter Hafen, Oskar-Laredo-Platz 1 (hinter dem Kulturspeicher), 97080 Würzburg, Tel. (01 75) 1 60 54 77, www.kunstverein-wuerzburg.de
Öffnungszeiten während der Ausstellungen feiertags, donnerstags bis sonntags 15 bis 18 Uhr, sonntags schon ab 12 Uhr. Eintritt frei.

ÖPNV: Buslinien 9, 13, 18, 27, Haltestelle Kulturspeicher

Ziel erreicht!

55 *Am Ortseingangsschild*

„Wann sind wir denn endlich da?“ Je länger die Anfahrt, desto ungeduldiger werden die Reisenden. Und umso größer ist die Freude beim Passieren des gelben Ortsschildes. Endlich auf Würzburger Boden! Endlich dort, wo laut einem Slogan der Süden anfängt. In der Stadt des Rokoko. Der Domstadt. Dem Bischofssitz. Der Metropole Mainfrankens. Dem Regierungssitz Unterfrankens. Der Universitätsstadt. Der Weltkulturerbestadt. Der Europastadt. Der Provinz mit Weltniveau. Dem Weinfass an der Autobahn. Der Stadt der jungen Forscher. Das alles sind Beinamen, die Würzburg im Laufe der Zeit bekommen hat. Manche lassen schmunzeln, andere machen neugierig. Und alle zusammen zeigen: Würzburg hat viel zu bieten. Da tut es gut, gleich zu Anfang eine kleine Zeit zum vorfreudigen Schauen einzuplanen.
An die Stadt anschleichen lässt es sich wunderbar von Gerbrunn her. Die Gemeinde am östlichen Stadtrand grenzt ans Frauenland und den neuen Würzburger Stadtteil Hubland. Dort, wo die Kitzinger in die Rottendorfer Straße einbiegt, kann man gut die Grenze passieren. Das Ortseingangsschild sieht noch ganz neu aus, leuchtend gelborange und frei von Macken. Direkt dahinter ist: erst einmal wenig. Ein Wiesenstreifen. Ein Hinweisschild auf das Gewerbegebiet Skyline Hill (das Areal der ehemaligen US-amerikanischen Kaserne Leighton Barracks, auf dem früher die Wohnblocks für die Soldaten und die Einfamilienhäuser der Offiziere und ihrer Familien standen). Weiter vorne ein großer Parkplatz, der für die Landesgartenschau 2018 gebaut wurde. Und gegenüber, auf der anderen Straßenseite, ein kleines und im wahrsten Sinn des Wortes verschlafenes Häuschen. Die beiden opak verkleideten Fenster sind mit langwimprigen geschlossenen Augenlidern verziert. Sie lassen keinen Blick zu auf das, was sich im Inneren des Häuschens verbergen mag. Ob hier einmal Wachsoldaten saßen und jeden ungebetenen Besucher zum Umkehren aufforderten? Heute jedenfalls ist der Weg frei!

TIPP In wenigen Metern Entfernung beginnt der neue Stadtteilpark, 2018 als Landesgartenschau angelegt.

Ortseingangsschild zwischen Gerbrunn und Würzburg-Hubland, Rottendorfer Straße, 10 Minuten Fußweg

ÖPNV: Bus 29, Haltestelle Belvedere

Universitätsstadt
Würzburg

56 *Das Speierloch in Heidingsfeld*

Offiziell ist Heidingsfeld nur ein Stadtteil von Würzburg. Tatsächlich aber fühlt man sich in dem linksmainischen Bezirk mit seinen über 10.000 Einwohnern wie in einer eigenständigen Stadt. Das war Heidingsfeld bis 1929 tatsächlich. Erst 1930 wurde es nach einer Volksabstimmung eingemeindet. Doch bis heute legen Einheimische Wert darauf, in erster Linie Heidingsfelder – im Dialekt Hätzfelder – und erst dann Würzburger zu sein. Das nimmt nicht wunder, denn das Örtchen hat ebenso viel Tradition wie Charme.

Von 1367 bis 1508 war das einstige karolingische Königsgut und spätere Reichsdorf sogar königlich-böhmische Stadt. Erhoben wurde es dazu durch Karl IV., römisch-deutscher Kaiser und König von Böhmen. Heidingsfeld lag strategisch günstig auf seiner Reisestrecke von Prag über Nürnberg nach Frankfurt. Eine Stadt musste gesichert und die Rechte ihrer Bürger mussten gestärkt werden. Deshalb verlieh Karl Heidingsfeld nicht nur Markt-, Münz- und Zollrecht, sondern ließ auch eine Stadtmauer bauen. In großen Teilen ist diese Befestigung bis heute erhalten und umgibt schützend das „Städtle", wie der Heidingsfelder Altort liebevoll genannt wird. In vielen Ecken und Gassen fühlt man sich deshalb in der Zeit zurückversetzt.

Einer dieser besonders malerischen Orte ist das Speierloch neben der gleichnamigen Wehrbrücke über den Haigels- oder Zwischengemäuerbach. Benannt ist es nach dem beliebten und umtriebigen Schuster Josef Speier, der bis 1947 hier in einem Häuschen am Wehrgang wohnte. Auch wenn der Durchgang ebenso spätmittelalterlich aussieht wie die Wehrbrücke: Selbst zu Speiers Lebzeiten gab es diesen Durchbruch in der Stadtmauer noch nicht. Der wurde erst in den 1950er-Jahren benötigt, um zu der neuen Wohnanlage außerhalb der Stadtmauern zu gelangen. Lange handelte es sich dabei um ein echtes „Loch". Erst seit 2011 führt ein barrierefreier Weg durch den inzwischen ausgebauten Bogen, der zu einem entspannten Spaziergang einlädt.

TIPP Ebenso malerisch wie das Speierloch ist der andere Wehrgang über den Zwischengemäuerbach, das Döle.

Am Speierloch, 97084 Würzburg

ÖPNV: Straßenbahnlinien 3, 5, Haltestelle Reuterstraße, 5 Minuten Fußweg

Ausflug ins All

57 *Der Würzburger Planetenweg*

Der Weg ist das Ziel. Und weil am Würzburger Planetenweg der Endpunkt nur zweieinhalb Kilometer vom Ausgangspunkt entfernt liegt, hat man hier besonders viel Zeit, sich dem Ziel zu widmen. Das heißt in diesem Fall: unser Sonnensystem begreifen. Ein Gespür für die riesigen Entfernungen und die enormen Größenunterschiede zwischen den Planeten bekommen. Dabei viel Wissenswertes über die einzelnen Himmelskörper erfahren. Und sich nebenbei noch an der frischen Luft bewegen. Eine solche Weltraumreise im Zeitraffer begeistert auch Kinder, die sich zudem am Anfang und kurz vor Schluss auf Spielplätzen austoben können.
An der Sonne geht es los. Sie befindet sich als silbrig glänzende Kugel beim Spielplatz Oberer Neubergweg. In welche Richtung der Weg weiterführt, zeigen Markierungen, die mit einem Saturn und kleinen Richtungspfeilen gekennzeichnet sind. Verlaufen ist fast unmöglich. Die einzelnen Planetenstationen bestehen aus Muschelkalkstelen mit einer gravierten Edelstahlplatte, die am Wegrand aufgestellt sind. Auf der Platte finden sich Informationen zu dem jeweiligen Himmelskörper. Die Planeten des inneren Sonnensystems – Merkur, Venus, Erde und Mars – sind zudem als kleine Erhebung dargestellt. So lässt sich ihre Größe maßstabsgetreu ertasten.
Auf den ersten 200 Metern des Planetenwegs finden sich die Himmelskörper fast Schritt auf Schritt. Danach werden die Abstände größer – so, wie es den wirklichen Distanzen unseres Sonnensystems entspricht. Jupiter befindet sich auf Würzburger Boden noch in Sichtweite von den Asteroiden. Auch bis Saturn dauert es nicht lange. Um Uranus und danach Neptun zu erreichen, braucht es schon einen längeren Atem. Am Ende wartet schließlich Pluto, dem im August 2006 der Status eines Planeten aberkannt und der zum Zwergplaneten erklärt wurde. Umgerechnet fast sechs Milliarden Kilometer haben die Wanderer durch das Sonnensystem jetzt zurückgelegt. Das entspricht siebenfacher Lichtgeschwindigkeit. Was für eine Leistung!

TIPP **Auf raumfahrt-wuerzburg.de/planetenweg lassen sich Fragebögen für einen Planetenquiz herunterladen.**

Würzburger Planetenweg, Oberer Neubergweg/Spielplatz, 97074 Würzburg
www.raumfahrt-wuerzburg.de/planetenweg
ÖPNV: Buslinie 6, Haltestelle St. Alfons-Kirche

Sonne

Heimisch & heilig

58 *Das Geburtshaus von St. Aquilin*

Drei Heilige bringt man sofort mit Würzburg in Verbindung: Kilian, Totnan und Kolonat. Die irischen Missionare brachten um 686 das Christentum in die Stadt am Main und werden als Frankenapostel verehrt. Kilian wurde sogar zum Schutzheiligen Würzburgs erkoren. Der einzige echte Würzburger hingegen, der es bis in den Rang eines Heiligen gebracht hat, war lange Zeit vergessen: Aquilin, geboren um 970 im heutigen Peterviertel als Sohn einer vornehmen Würzburger Familie. Sein Geburtshaus befindet sich in der Hörleingasse 7. Zumindest steht in diesem Haus in einer Nische eine Figur des Heiligen. Die Inschrift darunter weist den Ort als denjenigen aus, an dem Aquilin zur Welt gekommen sein soll. Allerdings stimmt schon das dort vermerkte Todesjahr 786 nicht.

Historisch gesichert ist jedenfalls, dass Aquilin Würzburger war. In Köln ließ er sich zum Priester ausbilden und wurde Dompropst. Nach dem Tod seiner Eltern kehrte er für kurze Zeit zurück in seine Heimatstadt, verkaufte sein Erbe und gab das Geld den Armen. Wieder in Köln, wurde er zum Erzbischof gewählt. Das Amt wollte er nicht annehmen und ging nach Paris. Der Legende nach befreite er die Stadt von der Pest, weshalb ihm diesmal hier die Bischofswürde angetragen wurde. Wieder lehnte er ab, wieder musste er weiter und landete in Mailand, wo er gegen Ungläubige predigte. Am 29. Januar 1017 ermordeten ihn seine Gegner durch einen Stich in den Hals. Besondere regionale Popularität erlangte der Märtyrer im 15. Jahrhundert, weil er mit seinen Fürbitten diesmal Mailand vor der Pest bewahrt haben soll.

Die Würzburger besannen sich erst im 17. Jahrhundert auf den Heiligen aus ihren Reihen, ließen Reliquien in die Stadt überführen und verewigten ihn durch Statuen und Bilder an verschiedenen kirchlichen Orten in der Stadt. Unter Aquilins besonderem Schutz stehen übrigens die Koffer- und Gepäckträger, denn Angehörige dieser Berufsgruppe haben seinerzeit den Leichnam des Heiligen gefunden und in die Kirche gebracht.

TIPP Die Hörleingasse wird noch von einer Gaslaterne aus den 1920er-Jahren beleuchtet.

Geburtshaus des Hl. Aquilin, Hörleingasse 7, 97070 Würzburg
ÖPNV: Straßenbahnlinien 1, 3, 4, 5, Haltestelle Neubaustraße, 6 Minuten Fußweg

Geburtshaus des
Hl. Aquilin.
Gestorben im Jahre 786
als Märtyrer in Mailand.

Dem Himmel ein Stück näher

59 *Die Kirche St. Stephan*

Kirchen gibt es reichlich in Würzburg: 45 katholische, 14 evangelische und eine russisch-orthodoxe. Eine der ältesten von ihnen und zudem die erste evangelische Kirche der Stadt ist St. Stephan, nahe dem Hofgarten. Direkt vor der Kirche liegt ein kleiner Park, der das Gebäude von allem städtischen Trubel abschirmt und das Areal wie eine Insel der Glückseligen wirken lässt. Als solche wird der Ort auch den Würzburger Protestanten 1803 vorgekommen sein. Mit dem bayerischen Toleranzedikt erhielten sie volle Bürger- und Glaubensrechte und durften eigene Gemeinden gründen. In Würzburg wurde ihnen dazu die Stephanskirche übertragen. Am 1. Januar 1804 wurde hier der erste protestantische Gottesdienst gefeiert.

Gebaut wurde die Kirche Anfang des 11. Jahrhunderts als Stiftskirche für das Kloster der Heiligen Petrus, Paulus und Stephanus. An diese romanischen Ursprünge erinnern heute allerdings nur noch die wiederhergestellte Krypta, ein Rundbogenfries und zwei Apsiden an der Ostseite des Baus. Bereits ab Mitte des 12. Jahrhunderts kam es immer wieder zu Umbauten und Erweiterungen, bis schließlich 1789 das Kirchenschiff und die Türme im frühklassizistischen Stil komplett neu gebaut wurden. In dieser Gestalt präsentiert sich die Kirche bis heute, denn beim Wiederaufbau wurde darauf geachtet, das durch den Bombenangriff 1945 zerstörte Gebäude außen originalgetreu zu rekonstruieren. Der helle Innenbereich ist eher schlicht und schmucklos gehalten. Ins Auge fallen da sofort die Kreuzigungsgruppe des Schweizer Bildhauers Helmut Ammann am Hochaltar und das Taufbecken mit dem Engel darüber. Kein Wunder, denn Kreuz und Taufe sind für das lutherische Verständnis vom Kirchenraum zentral. Dass in dieser Kirche die Musik eine wichtige Rolle spielt, lässt die imposante Konzertorgel ahnen. Mit etwas Glück kommen Besucher auch außerhalb von Gottesdiensten und Konzerten in den Musikgenuss, wenn gerade Chor, Blechbläser oder eine der Musikschulgruppen den Kirchenraum für Proben nutzen.

TIPP Sehenswert ist auch die Lutherkirche, eine der 48 deutschen Notkirchen, die nach dem Krieg entstanden.

Kirche St. Stephan, Zwinger 3c, 97070 Würzburg
www.wuerzburg-ststephan.de
ÖPNV: Buslinie 16, Haltestelle Ottostraße, 3 Minuten Fußweg

Naturgeheimnisse entdecken

60 *Der Walderlebnispfad am Forsthaus Guttenberg*

„Glaube mir, ich habe es erfahren, du wirst ein Mehreres in den Wäldern finden als in den Büchern; Bäume und Steine werden dich lehren, was kein Lehrmeister dir zu hören gibt." Was vor tausend Jahren den Mystiker Bernhard von Clairvaux begeisterte, zieht heute noch genauso die Menschen in den Bann – wenn sie sich die Muße nehmen, sich auf den Wald und seine Geheimnisse einzulassen. Das macht der Würzburger Walderlebnispfad den Besuchern ganz leicht. Zwei Kilometer lang ist der Rundweg, der am Parkplatz des Forsthauses Guttenberg zwischen Kist und Reichenberg losgeht. Ab da einfach den Wegmarkierungen mit Eichhörnchen und Eule folgen.
Entlang des Pfades sind verschiedene Stationen angelegt, die teils mehr Kinder, teils mehr Erwachsene ansprechen oder von beiden mit gleicher Begeisterung genutzt werden. Die Jüngsten haben Spaß daran, auf dem Waldxylophon die Melodie des Waldes zu spielen und sich im begehbaren Horchbaum von den ungewohnten Geräuschen in dieser Höhle beeindrucken zu lassen. Das Baumtelefon beweist, wie gut Holz Geräusche überträgt. In der Weitsprunggrube können sie ihre Sprungkraft mit der von Waldtieren messen. Erwachsene finden auf dem Meditationsweg gerne zur Ruhe. Die Waldliegen laden ein, einfach einmal die Füße hochzulegen, sich von ein paar Sonnenstrahlen an der Nase kitzeln zu lassen und den lieben Gott einen guten Mann sein zu lassen. Spannend für alle ist die kleine Unterführung, die einen Blick unter den Waldboden ermöglicht. Oder der Barfußpfad, den man immer wieder durchlaufen kann, ohne dass es langweilig wird. Alle Blicke auf sich zieht zudem der 17 Meter hohe Aussichtsturm, gebaut aus heimischem Eichenholz. Im Querschnitt hat er die Form eines Auges, was beim Aufsteigen zur Plattform gut zu erkennen ist. Oben angekommen, ist zumindest im Sommer rundum nichts zu sehen als Grün, Grün, Grün, aber das in allen denkbaren Schattierungen – was für ein wunderbarer Ort, um eins mit der Natur zu sein. Und um zu spüren: Clairvaux hat recht.

Würzburger Walderlebnispfad, Guttenberger Straße, Parkplatz am Forsthaus Guttenberg, 97234 Reichenberg

ÖPNV: VVM Buslinie 311 (ab Heidingsfeld, Reuterstraße), Haltestelle Forsthaus Guttenberg

Einmal Tropen & zurück

61 *Der Botanische Garten der Universität Würzburg*

Wohin soll heute die Reise gehen? Das Angebot ist riesig. Zur Wahl stehen die Tropen mit Regenwald, Bergnebelwald oder die subtropischen Trockengebiete. Interessant wäre auch ein Streifzug durch die nordamerikanische Prärie. Oder doch besser einen Abstecher in alpine Gebirgsregionen wagen? Wobei die europäischen Wald- und Wiesenlandschaften ebenfalls vielversprechend klingen! Welch Glück, dass einem diese Entscheidung im Botanischen Garten abgenommen wird. Hier gibt es kein Entweder-oder. Hier findet sich alles auf einmal, in trauter Nachbarschaft. Auf neun Hektar Freiland und 2500 Quadratmetern Gewächshausfläche wachsen 10.000 Pflanzen so, wie es ihrem natürlichen Lebensraum entspricht – botanische Bilderbuchlandschaften in all ihrer Vielfalt.
Am schönsten ist es im Botanischen Garten im ... Nein, jetzt ist die Entscheidung wirklich unmöglich! Der Garten ist immer einen Ausflug wert, sommers wie winters. Besser wären allerdings viele Ausflüge, denn von Woche zu Woche gibt es Neues zu sehen. Ein Höhepunkt ist das blühende Spektakel, das die Strauchpfingstrosen im Mai veranstalten. Die Päonienterrassen sind so angelegt, dass sich die Besucher sogar zwischen den Gehölzen bewegen und deren prächtige Blüten von allen Seiten bewundern können. Bezaubernd ist auch die Alpenveilchenblüte im Februar, wenn sich die übrige Natur noch braun in Grau zeigt und es den anderen Pflanzen viel zu kalt ist. In den tropischen Gewächshäusern gibt es sowieso keinen Sommer und Winter, es blüht und fruchtet rund ums Jahr. Unter anderem gedeihen hier Bananen, Zuckerrohr und Kakao. Wer Anregungen für den heimischen Garten sucht, wird ebenfalls fündig: im historischen Bauerngarten, der mit seinen Gemüse-, Zier- und Wildpflanzen nach der früher üblichen Mischkultur angelegt ist. Viel zu schnuppern gibt es direkt daneben, im Arzneimittelgarten. Quert man dann den Weg, befindet man sich schon in der Prärie. So lassen sich an nur einem Tag viele Welten durchwandern.

TIPP

Bei der jährlichen Pflanzbörse im Mai verkaufen Spezialgärtnereien ausgefallene Pflanzen.

Botanischer Garten der Universität Würzburg, Julius-von-Sachs-Platz 4, 97082 Würzburg, Tel. (09 31) 3 18 62 40
bgw.uni-wuerzburg.de
ÖPNV: Straßenbahnlinien 3, 5, Haltestelle Dallenbergbad, 10 Minuten Fußweg

Ein Mann mächtiger Worte

62 *Die „Feder“ zur Erinnerung an Leonhard Frank*

Sich mit einem Buch in den Park setzen und lesend abtauchen in ferne Welten – dazu eignet sich eine Bank in Würzburg besonders gut. Sie befindet sich in der kleinen Parkanlage zwischen Äußerem Hublandweg und Boßletstraße, unter einem Baum und neben einer hohen schlanken Skulptur aus blau lackiertem Stahl. Die Form erinnert an eine Schreibfeder.

Eine solche Feder war, zumindest in übertragenem Sinn, das Werkzeug von Leonhard Frank, einem der bedeutendsten sozialkritischen Erzähler der ersten Hälfte des 20. Jahrhunderts. Zur Welt kam er 1892 in Würzburg. Hundert Jahre später wurde ihm zum Gedenken diese Skulptur in seiner Heimatstadt errichtet – ein bisschen abseits, denn als er 1950 nach der Emigration zurück nach Deutschland kam, wollte sich keiner mehr so recht an ihn erinnern. Dabei hatte Frank in der Weimarer Republik große Erfolge. Sein Erstlingswerk „Die Räuberbande“ erschien 1914 und machte ihn und Würzburg bis ins Ausland bekannt. 1928 wurde es mit Paul Hörbiger verfilmt. Der Roman handelt von den Abenteuern Würzburger Schüler und Lehrlinge, die sich von Schillers „Räubern“ und Karl Mays Helden inspirieren lassen und gegen ihre Lehrer und Lehrherren rebellieren. Hier verarbeitet Frank die Erfahrungen seiner eigenen Jugend und trifft dabei den Zeitgeist so genau, dass er mit dem Buch zum Sprecher seiner Generation wurde. Aber schon 1915 musste er zum ersten Mal emigrieren: Er, der bekennende Pazifist, hatte einen Journalisten öffentlich geohrfeigt, als der sich über den Angriff eines deutschen U-Bootes auf ein britisches Passagierschiff begeisterte, bei dem 1198 Menschen starben. Nach der Machtergreifung 1933 emigrierte Frank erneut; seine Bücher wurden wenig später von den Nazis verbrannt.

Heute sind seine Werke längst wieder zu bekommen. „Die Räuberbande“ wurde erst 2016 erneut aufgelegt. Wie wäre es also, sich mit genau diesem Buch auf der Bank an der „Feder“ niederzulassen und sich auf eine Zeitreise in das wilhelminisch geprägte Würzburg zu begeben?

Skulptur „Spitze Feder“ von Joachim Koch, Äußerer Hublandweg, 97074 Würzburg

ÖPNV: Buslinie 14, Haltestelle Albert-Hoffa-Straße oder Philosophisches Institut, 400 Meter Fußweg

Wie erfrischend!

63 *Auffüllstationen für die Trinkwasserflasche*

Eine Entdeckungstour in der Stadt macht durstig, vor allem im Sommer. Sich dann jedes Mal in ein Café oder einen Biergarten zu setzen, um den Durst zu stillen, geht auf Dauer sehr ins Geld. Und braucht Zeit, die man vielleicht lieber nutzt, um neue Glücksorte zu entdecken. Wie viel praktischer wäre es doch, wenn es in deutschen Städten öffentliche Trinkwasserbrunnen gäbe, wie sie beispielsweise in Rom an jeder Ecke zu finden sind. Dort lässt sich die mitgenommene kleine und damit leichte Wasserflasche jederzeit auffüllen. Gut versorgt und vergnügt kann es dann weitergehen.

In Würzburg – und in vielen weiteren Städten – gibt es seit einiger Zeit eine andere Lösung: Refillstationen. In den Geschäften und Einrichtungen, die sich an dieser Aktion beteiligen, kann sich jeder die mitgebrachte Wasserflasche kostenlos mit Trinkwasser aus dem Hahn auffüllen lassen. Zu erkennen sind die Stationen am blauen „Refill Station"-Aufkleber an der Tür oder im Schaufenster. Initiiert wurde die Aktion 2017 durch die Non-Profit-Initiative „Refill Deutschland", die Idee dazu stammt aus England. Inzwischen gibt es in Würzburg über 25 Refillstationen, regelmäßig kommen neue hinzu. Mitmachen können alle Läden „mit einem Wasserhahn und klaren Öffnungszeiten – ob Apotheke, Buchladen, Café oder Schuhladen".

Kontrolliert wird das Wasser durch Refill Deutschland nicht, jeder nutzt das Angebot auf eigene Verantwortung. Aber die Trinkwasserqualität in Deutschland ist so gut, dass Bedenken nicht angebracht sind. In Würzburg stammt das Wasser zum großen Teil aus Quell- und Grundwassergebieten in der Stadt und in den Gemeinden Zell und Zellingen und ist von „sehr guter Qualität", wie der Wasserversorger, die Würzburger Versorgungs- und Verkehrs-GmbH, auf seiner Website schreibt. Es wird als „hart" eingestuft, enthält also einen hohen Anteil an Calciumcarbonat je Liter. Waschmaschinen mögen das weniger, der Mensch hingegen braucht diesen Mineralstoff, um gesund zu bleiben. Also dann: Zum Wohle!

Alle Refillstationen in Würzburg: www.refill-deutschland.de/wuerzburg

Refill Würzburg
KOSTENFREI TRINKWASSER | FREE TAP WATER

Kirchturmspitzen knabbern

64 *Das Käppelesädele auf dem Nikolausberg*

Der Aufstieg zu Würzburgs kleinstem Café hat es in sich. Knapp 300 Stufen sind zu überwinden. Dafür wird man hier oben mit einem atemberaubenden Blick über Stadt und Fluss belohnt. Dem Ort wohnt aber noch aus einem weiteren, dem wesentlichen Grund eine besondere Magie inne: An diesem Aussichtspunkt befindet sich nicht nur das kleine Café. Hier steht Würzburgs berühmte barocke Wallfahrtskirche, das Käppele.

Seit 1993 gab es erst in, dann neben der Kirche einen Kiosk, in dem die Wallfahrer Devotionalien kaufen konnten, also kleine Gegenstände, die der Andacht dienen. 2016 übernahm die in Würzburg lebende Produktdesignerin Frauke Pfeuffer das Käppelesädele und verwandelte es in ein winziges Designlädchen mit ebenso winzigem Café. An ein paar Tischchen im Innen- und Außenbereich gibt es am Wochenende von 10 bis 17 Uhr und im Sommer in der Regel auch dienstags bis freitags von 14 bis 17 Uhr zu Kaffee, Kakao und Limonade feines Gebäck. Eine besondere Spezialität sind die Käppelesspitzen aus knusprig-süßem Mürbeteig mit Geheimgewürzen. Die kann man sich, in Zellophan verpackt und mit einem Weihebildchen verziert, auch mitnehmen.

Das Christliche ist aus dem Lädchen mit der Umgestaltung also nicht verschwunden. Es hat aber einen leichteren, fröhlichen Anstrich bekommen. Die Gebetbuchhüllen aus Seidenstoffen näht Frauke Pfeuffer selbst. Rosenkränze gibt es mit pastellig bunten Perlen. Engel sind als schlichte Holzfiguren genauso wie als pausbäckige Putten zu finden. Dazugekommen sind hübsche Kleinigkeiten, die sich als Mitbringsel eignen: Tassen und Becher, Schals und Tücher oder zierliche Würzburgpanoramen, die sich um ein Teelicht biegen lassen. Etwas Besonderes sind die glänzend schwarzen Gewitterkerzen, die ursprünglich aus den verrußten Resten von Kirchenkerzen gegossen wurden. Angezündet bei Blitz und Donner, sollen sie die Menschen samt Haus und Hof vor dem Unheil der Naturgewalten schützen. Ob sie auch bei häuslichen Gewittern wirken? Einen Versuch ist es wert!

- **Käppelesädele, Spittelbergweg 21, 97082 Würzburg, Tel. (01 57) 54 52 89 98**
- **ÖPNV: Buslinie 35, Haltestelle Käppele (ohne Anstieg); Straßenbahnlinien 3, 5, Haltestelle Löwenbrücke, ab da über die Nikolausstraße zum Stationsweg**

Voll der Wunder

65 *Der Mirakelgang im Käppele*

„Der Mensch wird am Du zum Ich", sagte der Religionsphilosoph Martin Buber. Manche Menschen brauchen dieses „Du" auch in anderer Wesensform, als sie es in ihren irdischen Begleitern finden. Davon zeugt der Mirakelgang im Käppele. Im mystischen Dunkel dieses Gangs an der Südseite der Wallfahrtskirche sind Hunderte von Votivgaben gesammelt. Gläubige haben sie im Laufe der Zeit zum Dank dafür gestiftet, dass ihre Gebete an die Muttergottes erhört wurden.

Unter den teils über zweihundert Jahre alten symbolischen Opfergaben finden sich viele aufwendige Bildtafeln, Gemälde und Stickereien. Aus neuerer Zeit stammen handgeschriebene oder ausgedruckte und verzierte Briefe; manche wurden mit einem Foto versehen. Nimmt man sich Zeit, sie genauer zu studieren, erfährt man viel von den Schicksalen anderer Menschen – und von ihrer Rettung. Besonders kurios muten mit heutigem Blick die Figuren und Gliedmaßen aus Wachs an. Fatschenkinder werden die Gebildevotive genannt, die in Windeln und Bänder gewickelte Kleinkinder zeigen. Sie deuten darauf hin, dass ein lang gehegter Kinderwunsch erhört wurde.

Ein weiteres Kuriosum im Mirakelgang ist die szenische Darstellung der Marienwallfahrt. Sie liegt im Dunkeln, bis man in das Kästchen daneben ein 5-Cent-Stück wirft. Dann wird die Szene beleuchtet, und man sieht eine lange Prozession von Wallfahrern, die zum Käppele hinaufzieht. Zusätzlich steht rechts ein Kirchlein: Das Glöckchen fängt an zu läuten, die Türen öffnen sich, das Jesuskind kommt heraus und gibt den Segen, während ein Mann seinen Hut abnimmt und eine Mutter ihr Kind hochhebt.

Erbaut wurde das Käppele zu Ehren der Heiligen Maria nach Plänen des Barockbaumeisters Balthasar Neumann. Bis heute zieht es zahlreiche Wallfahrer, Touristen, aber auch immer wieder die Würzburger an. Im Sommer ist es bei Hochzeitspaaren sehr beliebt, die sich an diesem magischen Ort trauen lassen. Vom wundersamen Mirakelgang wissen aber längst nicht alle Besucher.

TIPP Das Käppele liegt an drei Pilgerwegen. Bis zu neun Pilgernde finden hier für eine Nacht Unterkunft.

Wallfahrtskirche Mariä Heimsuchung („Käppele"), Spittelbergweg, 97082 Würzburg
www.kaeppele-wuerzburg.de

ÖPNV: Buslinie 35, Haltestelle Käppele (ohne Anstieg); Straßenbahnlinien 3, 5, Haltestelle Löwenbrücke, ab da zu Fuß über die Nikolausstraße zum „Stationsweg"

O, MARIA
HILF!
Liebe Mutter Gottes
vielen Dank für den
Erfolg unseres Sohnes
Danke für
die Hilfe
1987
MARIA
HAT
GEHOLFEN

66 *Die Innere Pleich und das Handwerkerhaus*

Eine Stadt lässt sich am besten zu Fuß erkunden. Besonders schön ist es, wenn man sich dabei ohne rechtes Ziel treiben lässt. Einfach der Nase folgen, immer wieder stehen bleiben und mit den Augen umherschweifen. Solche Spaziergänge führen oft zu ungeahnten Entdeckungen abseits der großen Sehenswürdigkeiten und bringen einen in Ecken, wo geführte Touristen nur selten landen. Eines der Ziele, die quasi erst im Vorbeilaufen ihr Geheimnis auftun, ist die Innere Pleich und in ihr die Pleicherkirchgasse. Hier steht mit der Hausnummer 16 das älteste Bürgerhaus Würzburgs: das Handwerkerhaus. Erbaut wurde es 1521 durch einen Metzger. Das Stadtviertel „Innere Pleich" war damals bei Handwerkern sehr beliebt, weil es hier ausreichend Wasser für den Werkstattbetrieb gab. Nördlich verlief der Bach Pleichach, südlich die Kürnach, die beide in den Main mündeten.

Von Anfang an war das Handwerkerhaus fünfgeschossig angelegt. Im gemauerten Parterre über dem ebenfalls gemauerten Keller befanden sich Werkstatt und Laden, in den Fachwerketagen darüber lagen die Wohnräume, die anfangs nur über eine Außentreppe zu erreichen waren. In den folgenden Jahrhunderten wurde das Haus immer wieder umgebaut, verziert und verputzt und überlebte so jeden Wandel der Zeit. Wie durch ein Wunder überstand es auch die Bombardierung Würzburgs 1945 fast unbeschadet, während die übrigen Bereiche der Inneren Pleich teils vollkommen zerstört wurden. Nach dem Krieg verwahrloste das Gebäude allerdings zunehmend, bis sich der Verschönerungsverein Würzburg Anfang der 1990er-Jahre entschied, es zu kaufen und restaurieren zu lassen – und der Stadt damit ein Kleinod rettete. Heute hat der Verein hier seine Geschäftsstelle. Doch nicht nur das Handwerkerhaus ist einen Blick wert. Mit ihren verwinkelten Gässchen zieht die gesamte Innere Pleich in ihren Bann. Sind die Beine müde, findet sich auf dem Pleicherkirchplatz rund um die Pfarrkirche St. Gertraud manch schattiges Plätzchen zum Ausruhen.

TIPP

Um die Ecke, in der Pleicherpfarrgasse 16, befindet sich die Geschichtswerkstatt des Verschönerungsvereins.

Handwerkerhaus, Pleicherkirchgasse 16, 97070 Würzburg
www.verschoenerungsverein-wuerzburg.de
ÖPNV: Straßenbahnlinien 2, 4, Haltestelle Ulmer Hof, 2 Minuten Fußweg

16

Höher geht's nimmer

67 *Die Frankenwarte*

395 Meter über Normalnull meldet der Höhenmesser auf der Spitze des Nikolausbergs. Wer in Würzburg noch höher hinaus will, dem bleibt nur eines: hinaufsteigen auf den Aussichtsturm der Frankenwarte. Gebaut wurde der an ein Dornröschenschloss erinnernde Gebäudekomplex auf dem Nikolausberg ab 1893. Schon ein Jahr später konnte der Turm eröffnet werden, auf dem sich etwas unterhalb der Spitze die auskragende Aussichtskanzel mit Rundumblick befindet. Ein weiteres Jahr dauerte es, dann stand den Besuchern auch ein Unterkunftshaus mit Lokal offen. Schon wenig später folgten weitere Um- und Anbauten. Eine Turmwärterwohnung musste her, die Gasträume wurden erweitert, denn die Frankenwarte mauserte sich rasch zu einem der beliebtesten Ausflugsziele der Würzburger. 6274 Turmbesucherinnen und -besucher wurden in den ersten zwölf Monaten gezählt – und das, obwohl der Aufstieg 10 Pfennig pro Kopf kostete.

Wer heute die 173 Stufen erklimmen will, muss gerade einmal einen Euro berappen, der als Münze in das Kästchen am Drehkreuz einzuwerfen ist. Doch trotz dieses geringen Obulus' finden nur noch wenige Menschen den Weg auf den Turm. Oben angelangt, kommen sie jedoch kaum umhin, dem Buchhändler Veit Josef Stahel posthum zu danken. Was für eine wunderbare Idee von ihm, das damals kahle Grundstück auf der Kuppe zu kaufen, um hier einen Aussichtsturm zu bauen! Leider starb Stahel, bevor er sein Vorhaben angehen konnte. Dass die Umsetzung dennoch möglich wurde, ist vor allem dem Verschönerungsverein Würzburg zu verdanken. Seine Mitglieder verfolgten die Idee weiter, konnten wohlhabende Bürger zu Spenden veranlassen und trugen über den Verein auch selbst zur Finanzierung bei. Um 1900 wurden weitere Grundstücke gekauft, um den Landschaftsgarten anzulegen. Bis heute ist er ein Naherholungsparadies für Spaziergänger, Jogger und Mountainbiker.

TIPP Die Akademie Frankenwarte bietet offene Seminare und Tagungen zu gesellschaftspolitischen Themen an.

Frankenwarte, Leutfresserweg 81–83, 97082 Würzburg
www.frankenwarte.de
ÖPNV: Buslinie 35, Haltestelle Frankenwarte

Jede Menge Energie!

68 *Dauerausstellung im Energy Efficiency Center*

Hubland heißt die Gegend rund um die Leighton Barracks, die frühere US-amerikanische Kaserne. Mit dem Abzug der Amerikaner wurde hier ein riesiges Gelände mit sanierungsbedürftigen Gebäuden frei. Da die Universität am Hubland Süd bereits einen Campus hatte, lag nahe, das Hubland Nord ebenfalls als Raum für Forschung und Lehre umzubauen. Gleichzeitig siedelten sich hier weitere Forschungseinrichtungen an. Eine davon ist das ZAE Bayern, das Bayerische Zentrum für Angewandte Energieforschung e. V.

Zum Glück leben Forscher heute immer seltener in einem Elfenbeinturm. Sie wollen die Erkenntnisse, die sie durch ihre Arbeit gewinnen, den Menschen verständlich machen und zeigen, welche Bedeutung diese für ihren Alltag haben. Deshalb hat das ZAE in seinem Zuhause, dem Energy Efficiency Center, eine Dauerausstellung eingerichtet, die jedem offensteht. An den Stationen werden Themen wie Klima, Ressourcenschonung, nachhaltiges Bauen, Stadtentwicklung oder Kreislaufwirtschaft leicht begreifbar aufbereitet. „Lebst du auf zu großem Fuß?" „Wie wohnen wir in der Zukunft?" „Ist genug Energie für alle da?" Um solche Fragen geht es an den 15 Themenwürfeln. Hier kann man ausprobieren, raten, schätzen, fühlen, Filme anschauen oder sich mit den weiterführenden Informationen in den Themenschubladen befassen. Die Umweltwand im hinteren Bereich der Ausstellung wendet sich vor allem an Jugendliche. Über eine App auf den Tablets können sie sich mit Fragen auseinandersetzen, die ihr Leben und ihre Zukunft betreffen: etwa die Größe des persönlichen „Fußabdrucks" errechnen. Oder ein nachhaltiges Gebäude der Zukunft gestalten. Das macht natürlich auch Erwachsenen Spaß. Auch sie werden anschließend manches Thema besser durchblicken oder sich wieder mehr Gedanken darum machen. Wer hätte gedacht, dass Energieforschung so unterhaltsam sein kann?

Die kostenfreie Ausstellung ist Montag bis Freitag von 10 bis 15 Uhr geöffnet. Jeden zweiten Donnerstag im Monat um 14 Uhr werden Führungen angeboten.

ZAE Bayern, Magdalene-Schoch-Straße 3, 97074 Würzburg, Tel. (09 31) 7 05 64-0
www.klima-umwelt-energie.de
ÖPNV: Buslinien 29, 114, 214, Haltestelle Philosophisches Institut, 3 Minuten Fußweg

DEIN LEBEN
DEIN ZUHAUSE
ZAE BAYERN
1
WAS IST
ENERGIE?
4

69 *Mit der Straßenbahn durch Würzburg*

Über 88 Quadratkilometer erstreckt sich Würzburg mit seinen 13 Stadtbezirken und 25 Stadtteilen. Wer sich einen Überblick verschaffen will, setzt sich am besten in die Straßenbahn und fährt und fährt und fährt – von der Zellerau im Westen bis nach Grombühl im Osten, vom Zentrum aus rechtsmainisch nach Süden in die Sanderau oder links des Mains bis Heidingsfeld, zum Heuchelhof oder nach Rottenbauer. Umsteigen zwischen den fünf Linien lässt sich fast immer am Hauptbahnhof, nur die Linie 4 verzichtet tagsüber auf den kleinen Schwenker zwischen Dom und Ulmer Hof. So lassen sich alle Sehenswürdigkeiten bequem erreichen, ohne dass am Ende des Tages die Füße schmerzen. Dazu kommen ein paar besondere Erlebnisse: etwa die Ansage der Haltestellen durch Kinderstimmen. Oder die Wendeschleife vor dem Bahnhof, auf der der Kiliansbrunnen umrundet wird. Oder das gemütliche Fränkisch der einheimischen Mitfahrenden, die einfach Straba zu ihrer Straßenbahn sagen – mit kurzem A in der betonten ersten Silbe: Strabba. Das ganze Vergnügen gibt es für nur wenige Euro, zu investieren in eine Tageskarte.

Um alle Ziele sicher zu finden, hat der Würzburger Verkehrsverbund Themennetzpläne herausgegeben: Im Liniennetzplan für Kinder sind alle Haltestellen gekennzeichnet, die zu Spielplätzen oder anderen für Kinder attraktiven Punkten führen. In einem weiteren Netzplan sind die Biergärten zusammengestellt, die mit Bus und Straba zu erreichen sind. Eine pinkfarbene Blüte steht im dritten dieser Pläne für die Blumenläden in der Stadt. Nachtschwärmer finden dank Nachtbusplan sicher jederzeit nach Hause. Auch in diesen Bussen sind die normalen Fahrscheine gültig. Wer nach 3 Uhr unterwegs ist, braucht allerdings ein neues Ticket.

Für Straba-Fans empfiehlt sich außerdem eine Fahrt mit dem historischen Schoppenexpress, den man privat mieten kann. Am ersten Adventwochenende sind die Oldtimerwagen von 1956 zudem als Nikolausbahn unterwegs – unbedingt einsteigen! Übrigens: Die erste Pferdebahn fuhr in Würzburg 1892. 1899/1900 wurde auf elektrischen Betrieb umgestellt.

www.wvv.de/de/privatkunden/mobilitaet/unser-angebot/liniennetz

291

Und die ganze Halle steht!

70 *Bundesligaspiele live erleben in der s.Oliver Arena*

In gleich zwei Hallenballsportarten mischen Würzburger Teams auf Bundesligaebene mit. Das Basketballteam ist auch außerhalb von sportlich interessierten Kreisen bekannt. Mit ihm ist Dirk Nowitzki groß und ein Weltklassespieler geworden. Bei den Baskets, die inzwischen nach ihrem Hauptsponsor s.Oliver Würzburg heißen, hat er bis zum Abitur gespielt. Dann ist er von den Dallas Mavericks in die nordamerikanische Profiliga abgeworben worden – dem Team, dem er bis zu seinem Karriereende 2019 treu geblieben ist. Aber auch sein ehemaliger Verein spielt in Deutschland auf höchstem Niveau, mal in der zweiten, meist in der ersten Liga. Handball hat in Mainfranken ebenfalls lange Tradition. Dirk Nowitzki stand als Jugendlicher übrigens auf dem Handballfeld, bevor er zum Basketball kam. Die Rimparer Wölfe, die erste Herrenmannschaft des Sportvereins DJK Rimpar, sind vor ein paar Jahren in die zweite Bundesliga aufgestiegen und sorgen seitdem für noch mehr hochkarätige Sportereignisse in Würzburg.
Zum Mitfiebern geht es für Fans und alle, die Spaß an spannenden Matches haben, in die s.Oliver Arena. Hier tragen beide Mannschaften ihre Heimspiele aus. Mal wird die Halle so zum Basketball-Hotspot, mal zum „Wolfsrevier". Das größte Zuschauerglück liegt sicher im Fanblock, doch in dem gibt es vor allem bei Topspielen nicht immer freie Karten. Die Stimmung lässt sich aber genauso von allen anderen Plätzen genießen. Denn die Sporthalle mit ihren zwei Tribünen, den VIP-Reihen am Spielfeldrand und den zusätzlichen Stehplätzen im unteren Hallenbereich ist eher klein. Beim Handball fasst sie gut 1600 Zuschauer, bei einem Basketballmatch finden bis zu 3100 Fans Platz. Das hat Vorteile: So nah wie in der s.Oliver Arena kommt man dem Spielfeld als Zuschauer sonst selten, selbst von den billigen Plätzen ist die Sicht gut. Die Atmosphäre ist fast familiär, die Stimmung mitreißend – zumal die Würzburger Fans wissen, ihre Mannschaft leidenschaftlich zu unterstützen. Wenn die dann noch gewinnt, ist das Glück vollkommen.

s.Oliver Arena, Stettiner Str. 1, 97072 Würzburg
www.soliver-wuerzburg.de (Basketball), www.wolfsrevier.de (Handball)
ÖPNV: Straßenbahnlinien 1, 4, Haltestelle Königsberger Straße, 5 Minuten Fußweg

SCHÖMIG
DIGITALDRUCK
8
SCHÖMIG

Kleid mit Wohlfühlfaktor

71 *Trachtenhof Nübler*

Braucht eine Frau ein Dirndl? Natürlich nicht. Aber zu jeder Frau passt ein Dirndl! Egal ob sie groß oder klein ist, kräftig oder dünn, jung oder alt, Kurven hat oder keine. Wer noch niemals ein Dirndl anhatte, sollte unbedingt einmal eines anprobieren. Und wo lässt sich das besser umsetzen als in Süddeutschland, wo dieses Kleidungsstück Tradition hat? Eine wunderbare Gelegenheit dazu bietet sich mitten in der Stadt, im Trachtenhof Nübler. Zwar verstehen sich die Menschen in Würzburg erst in zweiter Linie als Bayern, in erster Linie sind sie Unterfranken. Aber den Alpen und dem Allgäu sind sie geografisch wie emotional allemal näher als der Nordsee. Außerdem ist das Dirndl keine Tracht, die fest an eine eng begrenzte Region gebunden ist. Ursprünglich war es das Arbeitsgewand der bayerischen Hofmägde. Deshalb musste es vor allem robust und alltagstauglich sein – und trotzdem kleidsam und auch ein bisschen sexy. Nur gut betuchte Frauen konnten es sich leisten, ihre Reize unter hochgeschlossenem Kragen zu verbergen.
Der schlichte Dirndlschnitt mit dem weiten Rock und dem anliegenden Mieder lässt der Trägerin Bewegungsfreiheit und betont gleichzeitig ihr Frausein. In solch einem Kleid fühlt sie sich ebenso geerdet wie beschwingt. Darin lässt sich tanzen und wandern, feiern und selbstbewusst durch den Alltag gehen. Allerdings braucht es dazu schon ein echtes Dirndl, statt knallbunter Polyestermassenware. Das kostet zwar mehr, dafür ist schon das Anfassen der feinen Stoffe vor dem Anprobieren ein Erlebnis. Manche knistern, andere sind seidig kühl oder fühlen sich bodenständig an. Die meist klassisch klaren Farben wirken harmonisch: Nachtblau, Beere, Tannengrün, Goldbraun. Am schönsten glitzern die Schürzen aus feinem Tüll mit ihren Stickereien und Pailletten oder aus matt glänzendem Satin. Jetzt noch ein Blüschen dazu, schon ist das Wohlfühloutfit komplett. Sollte das Kleid überzeugen, aber Strümpfe mit Lochmuster und Haferlschuhe übertrieben scheinen: Cowboystiefel anziehen. Dirndl waren schon immer der Mode unterworfen und halten das aus.

Trachtenhof Nübler, Gerberstraße 19, 97070 Würzburg, Tel. (09 31) 78 02 15 70
www.trachtenhof.de

ÖPNV: Straßenbahnlinien 2, 4, Haltestelle Congress-Centrum, 3 Minuten Fußweg

Zeitreise in die Sechziger

72 *Das Parkhaus am Haugerkirchplatz*

„Nicht automatisiert/mit Personal betrieben" – die Zeile ruft ungläubiges Staunen hervor. Ob das stimmt, was auf der Website der Stadt Würzburg unter „Übersicht von Parkhäusern und Parkplätzen im Stadtgebiet" zum Parkplatz Haugerkirchplatz vermerkt ist?
Aber ja! In diesem privat betriebenen Parkhaus, nur einen Steinwurf von der Innenstadt entfernt, geht es tatsächlich noch persönlich zu. Die Automatisierung ist bisher spurlos vorübergegangen – fast spurlos, denn die Schranke wird inzwischen automatisch betrieben. Doch am Kassenhäuschen sitzt echtes Personal, das die Ankommenden begrüßt und ihnen den passenden Parkplatz zuweist: eine breite Lücke für große Autos, eine schmale für kleine. Um die Übersicht nicht zu verlieren, gibt es Marken mit unterschiedlich groß geschriebenen Ziffern. Die hängen wie die Zimmerschlüssel eines Hotels in Reih und Glied hinter dem Pförtner an der Wand. Auf manchen der Marken ist vermerkt, wer Dauermieter dieses Platzes ist. Bei 140 Stellplätzen bleiben dann gar nicht mehr so viele für den Publikumsverkehr übrig.
Aber dieses Parkhaus anzuschauen lohnt, auch ohne auf der Suche nach einem Abstellplatz zu sein. Das Innere erinnert ein bisschen an die Spielzeugparkgaragen, in denen autobegeisterte kleine Jungs und Mädchen bis heute ihre Miniaturwägelchen rangieren. Von außen ähnelt der schlichte Würfel mit den Fensterbändern den Kaufhausbauten der späten 1950er-Jahre. Aus der Zeit stammt das erste und älteste Parkhaus Würzburgs. Eröffnet wurde es am 1. Mai 1960. Damals gab es hier zudem eine kleine Tankstelle. Die ist längst abgeschafft. Aber alles andere ist wie anno dazumal, bis hin zum Bezahlen von Hand und den Öffnungszeiten: Wer unter der Woche nach 20 Uhr oder samstags nach 18 Uhr kommt, um sein Fahrzeug abzuholen, hat Pech. Dann ist das Parkhaus schon geschlossen und öffnet erst wieder am nächsten Tag um halb acht, samstags um halb neun. Sonn- und feiertags macht es erst gar nicht auf, denn dann hat auch der Pförtner frei.

Parkhaus am Haugerkirchplatz, Haugerpfarrgasse 12, 97070 Würzburg
ÖPNV: Buslinien 6, 12, 16 und weitere, Haltestelle Barbarossaplatz, 4 Minuten Fußweg

HALT
Heute ab
20 Uhr
geschlossen

Feiles Traum

73 *Bauhausklassiker im Lerchenhain*

„Das städtebaulich hervorragende Gebiet zwischen Käppele und Festung Marienberg ist zu wertvoll, um als Versuchsfeld für modische Bauweise zu dienen. Es muss deshalb verhindert werden, dass hier Bauten entstehen, die im Gegensatz zur heimischen Baugesinnung als Fremdkörper im Städtebild wirken." Mit diesen Sätzen lehnte die Regierung von Unterfranken 1926 den Antrag des Würzburger Architekten Peter Feile ab, unweit der Festung ein zweistöckiges Haus im Bauhausstil zu errichten, mit Rundfenstern und – Skandal, Skandal! – mit Flachdach. Solch neumodisches Zeug wollten die konservativen Würzburger Stadtherren in ihrer schönen Stadt nicht sehen. Der spitze „deutsche Giebel" war ihnen hoch und heilig.

Doch die Zeiten änderten sich auch damals rasch, der Bauhausstil wurde gesellschaftsfähig, und Peter Feile ließ sich nicht unterkriegen. Sein 1929 fertiggestelltes Flachdachdoppelhaus auf dem Grundstück seines Schwiegervaters in der Keesburgstraße 29/29a wurde gefeiert als „Denkmal des 20. Jahrhunderts". Im Überschwang dachte der Architekt an eine ganze Wohnhaussiedlung im Stil der neuen Sachlichkeit. 27 Einfamilien- und zwei Doppelhäuser sollten auf dem 20.000 Quadratmeter großen Areal im Frauenland entstehen, das die von ihm gegründete „Baugesellschaft Lerchenhain mbH" von der Stadt kaufte. Der Bebauungsplan wurde durch die Baubehörde zwar auf 22 Häuser reduziert, aber Feile konnte anfangen, seinen Traum umzusetzen. Drei Musterhäuser entstanden, alle in klaren kubischen Formen mit glatten, weißen Mauern und natürlich flachen Dächern. Als sie 1930 der Bevölkerung vorgestellt wurden, war die Neugier der Würzburger enorm: 10.000 Besucher sollen in den ersten beiden Wochen gekommen sein, um sich die ultramodernen Wohnhäuser anzuschauen. Doch kaufen wollte sie keiner. So blieb es bei den drei Musterhäusern, die inzwischen denkmalgeschützt sind: den Villen im Lerchenhain 2, 4 und 5. Feiles Traum hat überlebt.

Musterhäuser im Lerchenhain, 97074 Würzburg

ÖPNV: Buslinie 6, Haltestelle Sanderrothstraße, 4 Minuten Fußweg

Ein Ort zum Feiern

74 *Der Festplatz Talavera*

Wirbeln, bis die Haare fliegen. Durch die Kurven sausen, dass es in den Ohren dröhnt. Oder sich gemächlich in die Höhe tragen lassen, um das bunte Treiben von hier anzuschauen. Wie harmlos von oben all die Fahrgeschäfte wirken: das Kettenkarussell und die Achterbahn, der Autoscooter und der Musikexpress. Und wie majestätisch über allem das Riesenrad seine Runden dreht. Die Fahrgeschäfte mögen kommen und gehen, das Riesenrad aber bleibt. Ohne diese Attraktion wäre ein Volksfest auf der Talavera undenkbar. Gleich zweimal im Jahr wird der Festplatz in der Zellerau für das bunte Vergnügen freigegeben: Ende März/Anfang April verjagt das Frühjahrsvolksfest die letzten trüben Wintergedanken. Um den 8. Juli, dem Gedenktag des Stadtheiligen St. Kilian, folgt mit Kiliani das größte Volksfest Unterfrankens. Den Auftakt macht hier der Festbieranstich am Freitag, samstags zieht der Trachtenfestzug mit zirka 2000 Teilnehmenden von der Residenz bis zur Talavera. Für gut zwei Wochen geht es dann rund. Und für den, der's mag, öffnet sich in dieser Zeit mit Bratwurst, Liebesäpfeln, Zuckerwatte und Steckerlfisch ein deftiges Schlaraffenland.

Seinen Namen hat der Würzburger Festplatz von der spanischen Stadt Talavera de la Reina. Dort kämpften während der Napoleonischen Kriege Soldaten des Großherzogtums Würzburg Seite an Seite mit den Franzosen gegen die Engländer. Der Schlacht ging verloren, und die Würzburger, die zunehmend wider Napoleon eingestellt waren, benannten ein als Ausflugslokal genutztes Gartenschlösschen im Mainviertel spottend um in Talavera-Schlösschen. Die Bezeichnung wurde später auf den gesamten Platz übertragen. Das Schlösschen gibt es noch immer. Es steht unter Denkmalschutz und beherbergt als „Waldschänke Dornheim" einen Club, im Sommer unter den Kastanienbäumen außerdem einen hübschen Biergarten. Wer vom Treiben auf Kiliani etwas Abstand gewinnen will, ist hier bestens aufgehoben. Und trotzdem mittendrin.

TIPP

Ist sie nicht durch Feste und Veranstaltungen belegt, bietet sich die Talavera zum Parken an.

Festplatz Talavera, 97082 Würzburg
ÖPNV: Straßenbahnlinien 2, 4, Haltestelle Talavera

Die leuchtenden Kamine

75 *Das Heizkraftwerk an der Friedensbrücke*

Es wird Abend auf der Friedensbrücke. Und während das Dunkel die Umgebung allmählich verschluckt, haben drei Türme ihren großen Auftritt. Angestrahlt von farbigem Licht, ragen sie leuchtend in den schwarzblauen Himmel – wie ein Kunstwerk, das Spaziergängern ihren späten Weg zum Vergnügen machen will. Dabei handelt es sich hier nur um die drei Kamine des Heizkraftwerks, das sich unweit des Alten Hafens befindet. Aber die beweisen, wie sehr moderne Industriebauten ein Stadtbild beleben können.

Das Bild, das sich nachts auftut, wird tagsüber noch verstärkt: Das Heizkraftwerk ist ein Hingucker und bereicherndes Element des Areals um das alte Hafenbecken. Das war beileibe nicht immer so. Lange galt der 1954 eingeweihte Bau als optischer Störfaktor, der den Blick in die Weinberge verschandelte. Anfang der 2000er-Jahre überlegte man deshalb, den britischen Stararchitekten Norman Foster zu beauftragen, aus dem Ungetüm etwas Ansehnliches zu machen. Foster wurde es nicht, den Auftrag bekamen stattdessen Peter und Christian Brückner. Die Architektenbrüder hatten zuvor bereits den Getreidespeicher am Alten Hafen zum Kulturspeicher umgebaut. Jetzt überlegten sie sich, wie sie das Kraftwerk sanieren könnten. „Stadtraum und Energie oder des Kraftwerks neue Kleider" nannten sie das Projekt. Dabei entschieden sie sich für ein Kleid, das „Kraft und Wärme" spüren lässt, wie sie es einmal beschrieben haben. Eine Konstruktion aus Aluminiumpaneelen sitzt auf einer feuerverzinkten Unterstruktur. Je nach Lichteinfall und Tageszeit scheint die Fassade mal in warmen Kupfertönen, mal silbrig kühl.

Das lässt sich auch ganz aus der Nähe anschauen. Wichtig war Bauherren und Architekten nämlich, das Gebäude in die Umgebung einzubinden. An der Seite zum Alten Hafen ist deshalb eine Terrasse mit Treppe entstanden, zu der jeder Zugang hat. Im Sommer wird beides zur Tribüne für das Musik- und Kulturfestival Hafensommer. Die Energie im Rücken, das Wasser zu Füßen – so lässt sich der Sommer feiern!

Heizkraftwerk an der Friedensbrücke, Veitshöchheimer Str. 1, 97080 Würzburg

ÖPNV: Straßenbahnlinien 2, 4, Haltestelle Congress-Centrum, 6 Minuten Fußweg, Buslinien 9, 13, 18, 27, Haltestelle Kulturspeicher, 3 Minuten Fußweg

Hätzfelder Frühstück

76 *Das Café Punktlandung in Heidingsfeld*

Hier gibt es Muckefuck! Das Getränk, das aussieht wie Kaffee, zart nach Malz duftet und ein wenig bitter schmeckt. Obenauf schwebt meist ein Küsschen: ein goldbrauner schaumiger Klecks, der an die Crema auf einem Espresso erinnert (den es hier natürlich auch gibt). Schon der erste Schluck des heißen Getränks macht Jahre jünger, denn er entführt unweigerlich in die eigene Kindheit – als es bei Oma und Opa für die Jüngsten diesen Kinderkaffee gab, koffeinfrei, aber vom Gefühl her ganz und gar erwachsen. Jetzt fehlt nur noch ein Stück Frankfurter Kranz und das erinnerte Kindheitsglück wäre perfekt.

Kein Problem, auch den gibt es im Café Punktlandung. Mit dicken Schichten Buttercreme, einem Mäntelchen aus Krokant und Krönchen aus knallrot kandierten Kirschen. Das Rezept dazu hat die Caféhaus-Besitzerin Michaela Becker von ihrer Tante Gerlinde übernommen. Daneben finden sich weitere Klassiker, etwa Eierlikörkuchen oder Bienenstich. Mindestens genauso lecker sind Michaela Beckers eigene Kreationen: warmer Butterkuchen mit roter Grütze und Sahne. Oder die „Sünde" aus Nussnougat und in Sahne karamellisierten Nüssen – zum Dahinschmelzen. Wer es herzhafter mag, ist in dem kleinen Café ebenfalls gut aufgehoben bei Flammkuchen, Suppen und herzhaften Kleinigkeiten wie Ofenkartoffeln. Vor allem aber lässt sich hier gemütlich und ausgiebig frühstücken – ob drinnen unter der mit Rosen gemusterten Zimmerdecke oder im Sommer draußen im „Höfle", in dem die pinkfarbenen Möbel gute Laune machen. Reservierung des Frühstückstraums ist unbedingt empfohlen!

Manchmal spielen Musiker auf im Café. Manchmal kommt ein Märchenerzähler vorbei. Einmal im Jahr gibt es einen französischen Frühschoppen. Und während der bayerischen Sommerferien lockt die „nicht nur kulinarische Weltreise". Jede Woche steht dann unter einem anderen Ländermotto, was sich auf der Speisekarte und im kulturellen Angebot widerspiegelt. Ein Sommergenuss, für den sich die Fahrt ins „Städtle" Heidingsfeld immer lohnt.

Café Punktlandung, Klingenstraße 24, 97084 Würzburg, Tel. (01 62) 8 45 64 45
www.cafe-punktlandung.de
Öffnungszeiten: Donnerstag bis Sonntag 9–18 Uhr (vorher anrufen oder auf die Website schauen, da das Café auch für private Feiern vermietet wird und dann geschlossen ist)
ÖPNV: Straßenbahnlinien 3, 5, Haltestelle Klingenstraße

8

Wiese statt Landebahn

77 *Der neue Stadtteilpark am Hubland*

Wo früher Flugzeuge abhoben, erstreckt sich heute ein lang gezogener Park. Er ist das Herzstück des neuen Stadtteils Hubland. Seit 2019 ist das 21 Hektar große Wiesen-, Garten- und Freizeitgelände für alle Besucher freigegeben. Im Jahr zuvor hatten sie noch Eintritt zahlen müssen, um die Anlage genießen zu können. Da war sie Schauplatz für die bayerische Landesgartenschau, die zweite, die in Würzburg stattfand. Als Gartenschau fand das Gelände deutlich weniger Zuspruch als erhofft und bescherte der Stadt Verluste. Es erfüllte einfach nicht die Erwartungen, die Besucher an blühende und gerne auch etwas konventionell gestaltete Gartenlandschaften stellen. Als Stadtteilpark ist das Areal hingegen ein Volltreffer. Ob Platz zum Erholen, zum Spazieren, zum Spielen, Toben oder Bewegen – hier findet jeder den passenden Ort für die eigenen Bedürfnisse.

Der Wiesenpark, die ehemalige Landebahn, ist zur riesigen Spiel- und Vergnügungsfläche geworden. Kinder kicken im Grünen, Eltern jagen ihren juchzenden Nachwuchs, Picknickrunden jeden Alters treffen sich zum Tagesausklang und können einen fantastischen Blick auf die Festung genießen, die sich jenseits des Mains auf derselben Höhe befindet wie der Stadtteilpark. Angrenzend an den östlichen Wiesenpark ist das sogenannte Aktivband untergebracht, mit Flächen für Fußball, Basketball, Beachvolleyball, Boule und Slacklines. Das zieht auch viele Studierende an. Für sie ist es von den Unigebäuden am Hubland Süd und Nord nur ein Katzensprung bis hierher. An heißen Tagen lohnt es sich, am Wasserbecken vorbeizuschauen und die Füße zu kühlen. Oder den Alten Park am westlichen Ende des Wiesenparks mit seinem reichen Baumbestand zu besuchen, der Schatten und Ruhe bietet. Entspannen lässt sich zudem ganz wunderbar im Präriegarten. Die geradlinigen roten Wegbänder strukturieren die umgebenden grauen Schotter- und grünen Rasenflächen samt ihrer markanten Bepflanzung – ein Rhythmus, der sich mit den Augen erschließt und wie meditativ wirkt.

Stadtteilpark am Hubland, 97074 Würzburg

ÖPNV: Buslinie 29, Haltestelle Magdalene-Schoch-Straße oder Belvedere

78 *Das Kloster Himmelspforten*

Die gut drei Meter hohe Steinmauer entlang der Mainaustraße wirkt nur auf den ersten Blick abweisend – die Tore in ihr stehen einladend offen. Hier darf eintreten, wer mag. Dahinter warten himmlische Ruhe und ein Gefühl von Geborgenheit. Selbst die Vögel scheinen das zu spüren, sie pfeifen viel unbeschwerter als jenseits der Mauern. Himmelspforten heißt der beschauliche Ort zwischen Weinbergen und Trubel. Ihn gibt es schon viel länger als den Stadtteil Zellerau, in dem er liegt: über 800 Jahre.

Das erste Tor in der Mauer führt zum Kloster, das bis heute bewirtschaftet wird. Dort leben ein Dutzend Karmelitinnen, die sich dem Gebet, der Arbeit und der Gemeinschaft verpflichtet haben. Im Klosterladen sind Produkte zu bekommen, die die Schwestern herstellen und mit denen sie zu ihrem Lebensunterhalt beitragen: verzierte Kerzen, Ikonen, Rosenkränze und Karten. Hat das Lädchen geschlossen, gibt es ein paar dieser Andenken auch in der Klosterkirche zu kaufen, die täglich geöffnet hat. Das Vertrauen in die Besucher ist groß: Der passende Betrag wird einfach in den Opferstock geworfen.

Ein Tor weiter warten der Klostergarten und das Exerzitienhaus, eine Begegnungsstätte für „Andersdenkende und Neugierige", wie es die Diözese Würzburg beschreibt – und fünfmal im Jahr Tagungsort für den Ständigen Rat der deutschen Bischöfe. Was für Bischöfe gut ist, taugt ebenfalls für andere. Deshalb ist das Haus ein beliebter Ort für Tagungen und Fortbildungen – genauso wie für Kurzurlauber, die die Atmosphäre des ehemaligen Klosters und die hervorragende Verpflegung genießen. Auch Radfahrer finden alles, was sie brauchen, das Exerzitienhaus ist „bett & bike"-Partner des ADFC.

Trotz so viel weltlichen Komforts kommt die Besinnung nicht zu kurz. Dafür sorgt schon der Garten mit seinen meditativen Elementen: knorrigen Bäumen, weiten Rasenflächen, Skulpturen aus gebürstetem Edelstahl. Und nicht zuletzt der Hortus Conclusus, der sich am Ende findet: der geschlossene Garten als abgeschiedener Rückzugsort.

Kloster und Exerzitienhaus Himmelspforten, Mainaustraße 40/42, 97082 Würzburg
www.himmelspforten.net

ÖPNV: Straßenbahnlinien 2, 4, Haltestelle DJK-Sportzentrum, 10 bis 15 Minuten Fußweg

Alles fließt & schwebt

79 *Ein Zaha-Hadid-Bau für die Forschung*

Vor diesem Gebäude kann man nur schauen und staunen. Von der einen Seite scheint es zu schweben, von der anderen Seite wie eine Welle dahinzugleiten. Die breiten Fensterbänder schwingen sich in sanften Kurven durch den Raum. Auf Abstand gehalten werden sie durch Streifen aus hellgrünen Glaspaneelen, die zu den Enden hin in Schatten spendende Schwingen auslaufen. Nichts steht still bei diesem Gebäude, alles fließt. Es wirkt wie eine Momentaufnahme in einem Bewegungsablauf; oder wie ein tiefer Atemzug, der Gestalt angenommen hat. Ersonnen hat den futuristischen Bau die britisch-irakische Architektin Zaha Hadid. Kurven statt Kanten sind typisch für ihre Entwürfe, die oft keinen einzigen rechten Winkel enthalten. „Meine Gebäude sollen fließen und ihre Umgebung in Schwingung versetzen", sagte sie einmal. Wie wunderbar dies funktioniert, ist am Neunerplatz zu erleben.

Der fünfgeschossige Bau in der Zellerau beherbergt seit 2013 das Technikum III des Fraunhofer-Instituts für Silicatforschung ISC. In den Laboren und Technikräumen wird im Auftrag der Industrie angewandte Forschung betrieben. Der Werkstoff Glas spielt dabei eine wichtige Rolle, Glas war deshalb für die Architektin ein zentrales Gestaltungselement. Von dem Stahlbetonskelett, das sich im Inneren verbirgt und die Konstruktion trägt, ist von außen kaum etwas zu ahnen. Außerdem sollte sich das Gebäude in die Umgebung einpassen. Das Grundstück für das Technikum III ist unregelmäßig dreieckig – eine Form, die sich im Grundriss wiederfindet. Die Straße verläuft mit einem leichten Knick – auch den greift das Gebäude auf und schmiegt sich an die Kurve an. Nicht zuletzt kommen Form und Funktion zusammen: In die Außenfassade wurden Fotovoltaikmodule integriert, die elektrische Energie erzeugen. Auf dem Dach sammeln Kollektoren Sonnenenergie, über die die Klima- und Kühlanlagen betrieben werden. Vor diesem Gebäude kann man nur schauen und staunen. Und sich von moderner Architektur ergreifen lassen.

TIPP Die Außenstelle des Fraunhofer ISC befindet sich in Kloster Bronnbach – ein ebenfalls lohnendes Ausflugsziel.

Technikum III, Fraunhofer ISC, Neunerplatz 2, 97082 Würzburg
ÖPNV: Straßenbahnlinien 2, 4, Haltestelle Talavera, 3 Minuten Fußweg

Schmiedeeiserne Kunst

80 *Die Tore und Gitter am Hofgarten*

Selbst hoch bezahltes Kunsthandwerk in meisterlicher Vollendung kann aus der Mode kommen. Ein paar Jahrzehnte später gefällt es einem Nachfolger des Auftraggebers nicht mehr. Der lässt es entfernen, verräumen – und mit etwas Pech verschwindet das gute Stück auf Nimmerwiedersehen. Sehr zum Bedauern der nächsten Generationen. So ist es dem berühmten Ehrenhofgitter geschehen, das Johann Georg Oegg für die Würzburger Residenz fertigte.

Fürstbischof Karl von Schönborn hatte den Kunstschmied 1733 an seinen Hof berufen. Hier erhielt er den Auftrag, für den Neubau der Residenz sämtliche Schlösser zu fertigen und die Ziergitter rund um Schloss und Hofgarten zu gestalten. Oegg, der aus einer Tiroler Schmiedefamilie stammte und seine Kunstfertigkeit bereits andernorts unter Beweis gestellt hatte, war ein Meister seines Fachs. Erste Probearbeiten von ihm schmückten schon bald die Schönbornkapelle am Würzburger Dom. Danach ging er an sein Hauptwerk, die schmiedeeisernen Gitter für den Ehrenhofabschluss der Residenz. Ihre Vollendung trug ihm viele Meriten und Berühmtheit ein – zudem bescherte es ihm ein gutes Einkommen. Mit bis zu 26 Gesellen führte er eine enorme Werkstatt.

Nicht weit von der Residenz ließ er sich in der Kapuzinerstraße ein Wohnhaus mit Werkstatt bauen. Die Pläne dazu stammten von Balthasar Neumann, dem Baumeister der Residenz und des Käppele. Nach dem Ehrenhofgitter ging es weiter mit den Schmiedearbeiten. Die gesamte Zaunanlage vollendete Oegg zusammen mit seinem Sohn im Laufe der Zeit. Noch heute können sich Besucher nicht sattsehen an seinen im schönsten Rokokostil verschnörkelten Toren an Residenz und Hofgarten. Was für wunderbare Schätze, an denen jeder Tag für Tag vorbeilaufen kann!

Nur das Ehrenhofgitter ist nicht mehr zu sehen. Kronprinz Ludwig ließ es 1821 abbrechen, da es nicht mehr zum Zeitgeist passte. Aber Grämen lohnt sich nicht, es ist ja noch genug von der Oegg'schen Schmiedekunst übrig, um sich daran zu erfreuen. Und zum Andenken an den Meister steht am Hofgarteneingang am Rennweg seine Statue.

Hofgarten, Residenzplatz, 97070 Würzburg
ÖPNV: Buslinie 9 und weitere, Haltestelle Residenzplatz

Bibliografische Informationen der Deutschen Nationalbibliothek
Die Deutsche Nationalbibliothek verzeichnet diese Publikation in der Deutschen Nationalbibliografie; detaillierte bibliografische Daten sind im Internet über http://dnb.d-nb.de abrufbar.

© 2019 Droste Verlag GmbH, Düsseldorf
2. Auflage 2020
Konzeption/Satz: Droste Verlag, Düsseldorf
Einbandgestaltung und Illustrationen: Britta Rungwerth, Düsseldorf unter Verwendung von Bildern von © Fotolia.com: jd – photodesign.de; © iStock: Plociennik Robert
Fotos: Dagmar Wolf, außer:
S. 9: Michael Ehlers; S. 19: Röntgen-Kuratorium Würzburg e. V.; S. 23, 75, 77, 81, 87, 139, 149, 151, 157: Hauke Wolf-Voigt; S. 27: kameramann – stock.adobe.com; S. 35: Stadtbücherei Würzburg/Andreas Grasser; S. 39: stokkete – stock.adobe.com; S. 43: Peter Eberts; S. 45: Touch Science; S. 47, 145: Würzburger Versorgungs- und Verkehrs GmbH; S. 57: Universität Würzburg; S. 59: DAV Sektion Würzburg/André Weber; S. 69: LIGHTFIELD STUDIOS –stock.adobe.com; S. 73: Kino Central/Rainer Wengel; S. 83: Der Auflauf; S. 95: Mainfranken Theater/Inka Kostan; S. 101: Petit Délice; S. 103: Theater tanzSpeicher; S. 111: Dr. Juliane Marx; S. 115: Kunstverein Würzburg/Jörg Nellen; S. 125: Stephan Dolling; S. 129: Botanischer Garten der Universität Würzburg; S. 143: ZAE Bayern/Martina Vornberger; S. 147: DJK Rimparer Wölfe/Jonas Blank; S. 159: Michaela Becker; S. 165: Jana Müller/Fraunhofer ISC

MIX
Papier aus verantwortungsvollen Quellen
FSC® C011279
FSC www.fsc.org

Druck und Bindung: LUC GmbH, Greven
ISBN 978-3-7700-2171-0

www.drosteverlag.de